趣游汉字乐园

U0456368

扫码玩转读识写

▶ 看视频
认读汉字笔画

♪ 听儿歌
巧学部首字族

★ 笔顺动画
解析汉字笔顺

☰ 拓展学习
夯实字词基础

图书在版编目（CIP）数据

趣读识写一条龙 : 全 2 册 / 朱霞骏等编著 . -- 2 版 .
南昌 : 江西人民出版社，2024.11（2025.5 重印）. -- （韩兴娥
课内海量阅读丛书）. -- ISBN 978-7-210-15320-7

Ⅰ . G624.223

中国国家版本馆 CIP 数据核字第 2024SG1005 号

趣读识写一条龙（全 2 册）· 第 2 版
QU DU SHI XIE YITIAOLONG（QUAN 2 CE）· DI 2 BAN

朱霞骏　韩兴娥　吴昌烈　鄢文俊　编著

责 任 编 辑 : 胡文娟
书 籍 设 计 : 游　珑

 江西人民出版社　**出版发行**
Jiangxi People's Publishing House
全 国 百 佳 出 版 社

地　　　　址 : 江西省南昌市三经路 47 号附 1 号（邮编 : 330006）
网　　　　址 : www.jxpph.com
电 子 信 箱 : jxpph@tom.com
编辑部电话 : 0791-88672031
发行部电话 : 0791-86898815
承 印 厂 : 江西千叶彩印有限公司
经　　　销 : 各地新华书店

开　　　　本 : 787 毫米 × 1092 毫米　1/16
印　　　　张 : 21.5
字　　　　数 : 210 千字
版　　　　次 : 2016 年 10 月第 1 版　2024 年 11 月第 2 版
印　　　　次 : 2025 年 5 月第 3 次印刷
书　　　　号 : ISBN 978-7-210-15320-7
定　　　　价 : 49.80 元（全 2 册）
赣版权登字 -01-2024-537

版权所有　侵权必究

赣人版图书凡属印刷、装订错误，请随时与江西人民出版社联系调换。

服务电话 : 0791-86898820

韩兴娥课内海量阅读丛书

趣读识写
一条龙

第2版

朱霞骏　韩兴娥　吴昌烈　鄢文俊 ◎ 编著

编　委：金文伟　王爱玲　徐美华

　　　　刘维丽　张爱玲　董　静

上册

江西人民出版社
Jiangxi People's Publishing House
全国百佳出版社

写给·小·朋友们

孩子们，你们好！感谢你们选择了老师们精心编写的这套书。

这是一本专门用来学习识字、写字的书。你们可不能小看它哟，它可是经过反复试验、研究总结出来的，是深受小朋友、家长和老师欢迎的！为什么呢？因为它可以让你们在乐读中学习识字，在愉悦中学习写字，更重要的是，它还可以让你们学会学习的方法，这可是受用终身的本领。

识字最有效、最简单的方法就是熟读、读熟，熟到"倒背如流"。这样，才能记牢。要懂得识字的价值，有了识字的基础才能读得懂书，才能获得想了解的信息，才能尽情地拥抱想拥有的世界，成就非凡的人生，成为时代的巨人！

在读书学习的过程中，你们还要和朋友交流。因此，学会写文章也是非常重要的。写文章有三个基本的前提条件：字要写正确，写好，写得快。不然，人家看不懂，怎么交流？字只有写得熟练，写得快，才能及时地把自己要说的话写出来，不误交流。这就是"正、好、快"三字诀。这里恰恰提供了落实写字"正、好、快"的园地。

在这片园地里，孩子们从学习书写29个基本笔画的方法开始，只要四五分钟时间就能牢记写字歌诀，循序渐进地掌握80个偏旁部首的写法，以及包含这些部首的常用字的写法，继而配合100个字根的字族文识字，学习合体字的书写规范，收到聚类学习、举一反三的效果。

需要提醒你们的是：第一，练习书写的时候，注意书写姿势要端正，握笔手法要正确，这是写好字的基础，将一生受用。第二，读熟牢记韵文的相关法则，在真正理解的情况下再动笔。第三，写字重要的是体会运笔的过程，在这里我请你们记住："耳目口，我的手；要用心，交朋友。"这就是说，写字要做到"眼到、手到、心到"，"三到交友"才能写好字。当然，在这之前要靠"耳、口"熟读"正、好、快"三字诀。

最后，我要叮嘱的是：由于你们年纪还小，手部肌肉还没有发育完全，所以，每次练习的时间不要太长。写好字不是光靠时间久就能做到的，要用心。祝你们通过学习本书，都能够写出一手好字！

相信不用几天，你们就能体会到老师们是多么了不起！他们编写的书提供了如此好的学习方法，让你们如此喜欢。我们要学习他们献身教育、勇于创新的精神。

你们的忘年交戴汝潜

2016 年 10 月

戴汝潜，中国教育科学研究院研究员，原中央教科所教学研究中心主任、教学实验研究中心主任和基础教育课程教材研究中心主任，国内识字教学专家，识字教育科学化研究领域权威专家，语文课程研究专家。著有《走进科学序化的语文教育——大成·全语文教育》《素质教育课程简论》，主编《全国著名特级教师教学艺术与研究丛书》(42 种)、《大成·全语文》(学本、读本、习本共 12 套)等。

目录

笔画儿歌

部首儿歌

一 左（旁）部首

二 右（旁）部首

三 上（头）部首

笔画儿歌

扫码获取

·看视频
·听儿歌
·笔顺动画
·拓展学习

一 认识笔画

rèn shi bǐ huà

扫码看视频
笔画名称歌

diǎn	héng zhé	shù	héng gōu

shù tí	shù zhé	shù wān gōu

héng	shù wān	nà	xié gōu

shù gōu	piě diǎn	héng zhé gōu

piě	piě zhé	tí	wān gōu

héng zhé zhé piě	héng zhé wān gōu	héng xié gōu

héng zhé tí	héng zhé wān	shù zhé zhé gōu

héng piě	wò gōu	héng piě wān gōu

shù zhé piě	héng zhé zhé zhé gōu

二 笔画名称歌

扫码看视频
笔画名称歌

点横折，竖横钩，

竖提竖折竖弯钩。

横竖弯，捺斜钩，

竖钩撇点横折钩。

撇撇折，提弯钩，

横折折撇，横折弯钩，横斜钩。

横折提，横折弯，竖折折钩。

横撇，卧钩，横撇弯钩。

竖折撇，横折折折钩。

小朋友，
跟着笔画名称歌书空吧！

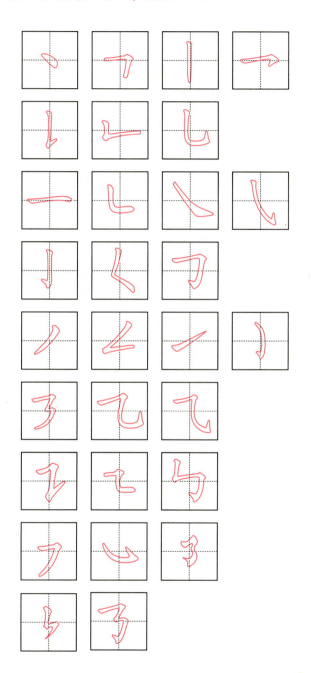

三 笔画三字谣

bǐ huà sān zì yáo

横 héng

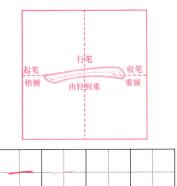

斜斜按，向右行；
xié xié àn　xiàng yòu xíng

平又稳，尾回锋。
píng yòu wěn　wěi huí fēng

横折 héng zhé

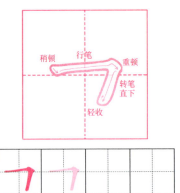

斜斜按，向右行；
xié xié àn　xiàng yòu xíng

顿转折，左斜停。
dùn zhuǎn zhé　zuǒ xié tíng

横钩 héng gōu

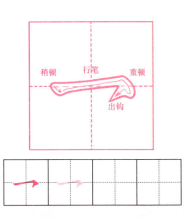

斜斜按，向右走；
xié xié àn　xiàng yòu zǒu

顿一顿，往里勾。
dùn yi dùn　wǎng lǐ gōu

扫码看视频
笔画三字谣

héng piě
横 撇

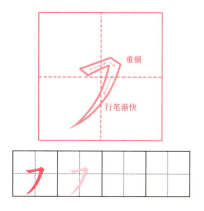

重顿

行笔渐快

xiǎo duǎn héng　　yào dùn jiān
小 短 横 ， 要 顿 肩 ；

wǎng zuǒ piě　　wěi jiān jiān
往 左 撇 ， 尾 尖 尖 。

xuán zhēn shù
悬针竖

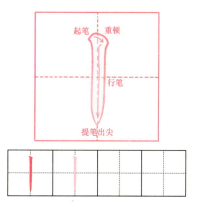

起笔　重顿

行笔

提笔出尖

xié xié àn　　zhí zhí shù
斜 斜 按 ， 直 直 竖 ；

xiǎo wěi ba　　xiàng zhēn jiān
小 尾 巴 ， 像 针 尖 。

chuí lù shù
垂露竖

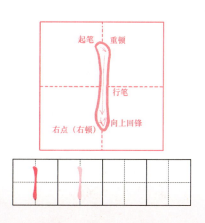

起笔　重顿

行笔

右点（右顿）　向上回锋

xié xié àn　　zhí zhí shù
斜 斜 按 ， 直 直 竖 ；

shōu dǐ dùn　　xiàng lù zhū
收 底 顿 ， 像 露 珠 。

7

竖 提
shù tí

xié xié àn　zhí zhí xià
斜 斜 按 ， 直 直 下 ；

yòu xià dùn　shàng tí jiān
右 下 顿 ， 上 提 尖 。

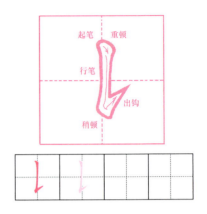

竖 钩
shù gōu

xié xié àn　shù zhí zǒu
斜 斜 按 ， 竖 直 走 ；

dǐ shāo dùn　zuǒ chū gōu
底 稍 顿 ， 左 出 钩 。

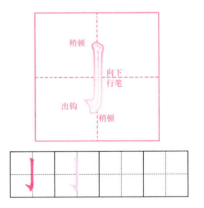

竖 折
shù zhé

xié xié àn　xiàng xià xíng
斜 斜 按 ， 向 下 行 ；

shāo shāo dùn　yòu zhí héng
稍 稍 顿 ， 右 直 横 。

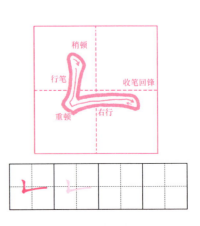

竖弯
shù wān

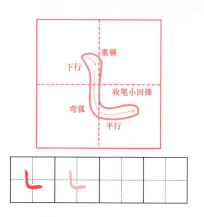

xié xié àn　　xiàng xià xíng
斜斜按，向下行；

màn zhuǎn wān　　yòu duǎn héng
慢转弯，右短横。

撇
piě

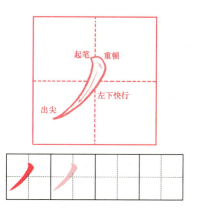

xié xié àn　　piě zuǒ bian
斜斜按，撇左边；

qīng qīng shōu　　wěi ba jiān
轻轻收，尾巴尖。

撇折
piě zhé

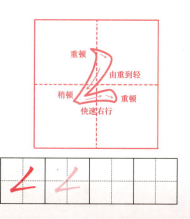

xié xié àn　　wǎng zuǒ piě
斜斜按，往左撇；

dùn yi dùn　　xiàng yòu héng
顿一顿，向右横。

撇　点
piě　diǎn

xié xié àn　wǎng zuǒ piě
斜斜按，往左撇；

xiàng yòu xià　cháng cháng diǎn
向右下，长长点。

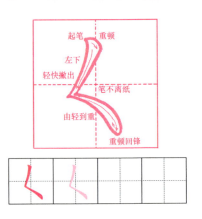

捺
nà

xiàng yòu xià　huá tī màn
向右下，滑梯慢；

xiē yi xiē　jiǎo chū jiān
歇一歇，脚出尖。

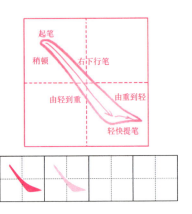

斜　钩
xié　gōu

qīng qīng àn　xié wān zǒu
轻轻按，斜弯走；

dùn yi dùn　xiàng shàng gōu
顿一顿，向上勾。

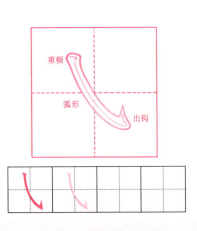

弯钩 wān gōu

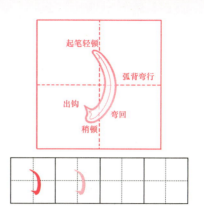

先右下，弓背走；
xiān yòu xià gōng bèi zǒu

头对脚，出钩钩。
tóu duì jiǎo chū gōu gōu

卧钩 wò gōu

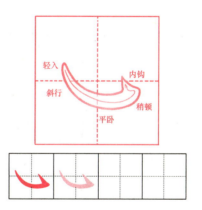

右下卧，圆圆走；
yòu xià wò yuán yuán zǒu

顿一顿，出钩钩。
dùn yi dùn chū gōu gōu

点 diǎn

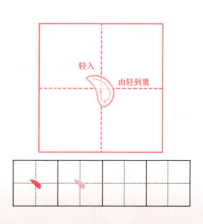

落笔轻，收笔重；
luò bǐ qīng shōu bǐ zhòng

顿一顿，藏笔锋
dùn yi dùn cáng bǐ fēng

tí

提

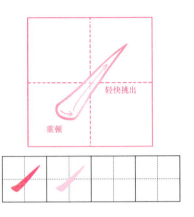

shǐ zú jìn dùn yí xià
使足劲，顿一下；

yòu shàng fāng shè zhòng la
右上方，射中啦！

héng zhé gōu

横折钩

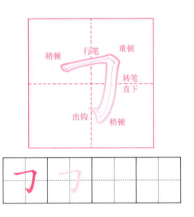

xiě héng zhé xiàng zuǒ kòu
写横折，向左扣；

dùn yi dùn nèi chū gōu
顿一顿，内出钩。

héng zhé tí

横折提

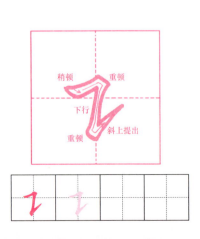

xiě héng zhé xiàng xià xíng
写横折，向下行；

dùn yi dùn yòu chū tí
顿一顿，右出提。

héng zhé wān
横折弯

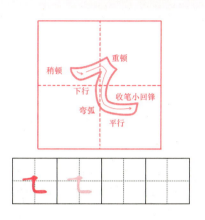

xiě héng zhé　　yòu kòu xíng
写横折，右扣行；

zhé lián wān　　xiàng yòu héng
折连弯，向右横。

héng xié gōu
横斜钩

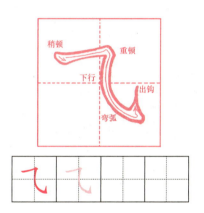

xiān xiě héng　　dùn yi dùn
先写横，顿一顿；

jiē xié gōu　　fēi zì cún
接斜钩，飞字存。

héng zhé zhé piě
横折折撇

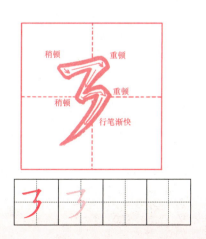

xiān héng zhé　　dùn yòu lián
先横折，顿又连；

zài héng piě　　wěi ba jiān
再横撇，尾巴尖。

héng zhé wān gōu
横折弯钩

xiě héng zhé　　 yòu zhuǎn kòu
写横折，右转扣；

píng yòu wěn　　 jiǔ wān gōu
平又稳，九弯钩。

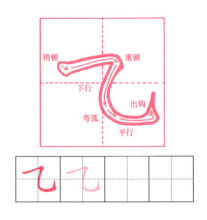

héng piě wān gōu
横撇弯钩

xiān héng piě　　 jiē wān gōu
先横撇，接弯钩；

ěr duo páng　　 yòng gè gòu
耳朵旁，用个够。

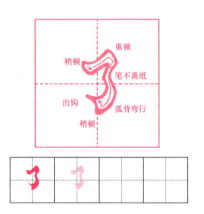

héng zhé zhé zhé gōu
横折折折钩

xiān héng zhé　　 dùn yòu lián
先横折，顿又连；

zài héng zhé　　 dùn gōu jiān
再横折，顿钩尖。

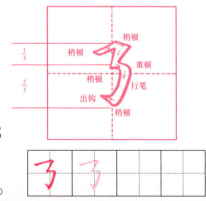

shù wān gōu
竖弯钩

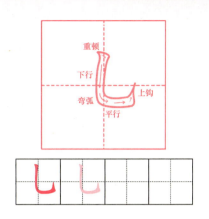

shù qǐ tóu　　yòu zhuǎn wān
竖起头，右转弯；

chū gōu gōu　　kuài yòu jiān
出钩钩，快又尖。

shù zhé piě
竖折撇

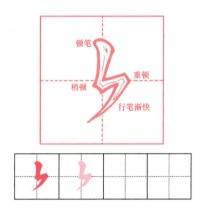

xiān shù zhé　　dùn yòu lián
先竖折，顿又连；

wǎng zuǒ piě　　wěi jiān jiān
往左撇，尾尖尖。

shù zhé zhé gōu
竖折折钩

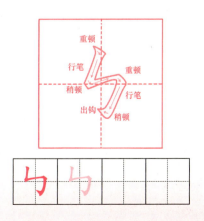

xiān shù zhé　　dùn shāo shāo
先竖折，顿稍稍；

wǎng zuǒ xié　　shù gōu qiǎo
往左斜，竖钩巧。

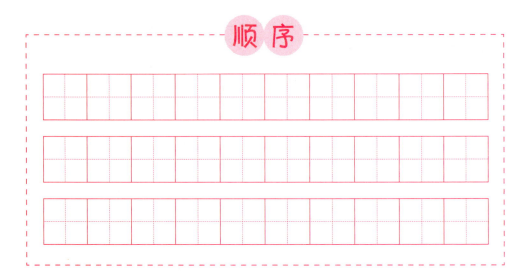

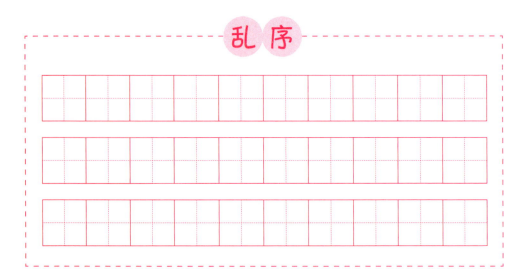

五 看拼音，写笔画
kàn pīn yīn xiě bǐ huà

顺序

diǎn	héng zhé	shù	héng gōu	shù tí

shù zhé	shù wān gōu	héng	shù wān	nà

xié gōu	shù gōu	piě diǎn	héng zhé gōu	piě

piě zhé	tí	wān gōu	héng zhé zhé piě

héng zhé wān gōu	héng xié gōu	héng zhé tí	héng zhé wān

shù zhé zhé gōu	héng piě	wò gōu	héng piě wān gōu

shù zhé piě	héng zhé zhé zhé gōu

17

乱 序

shù gōu　　héng gōu　　héng　　shù wān　　piě diǎn

piě　　héng zhé　　shù　　nà　　piě zhé

xié gōu　　shù zhé　　shù wān gōu　　héng piě　　diǎn

shù zhé zhé gōu　　wān gōu　　wò gōu　　héng piě wān gōu

shù tí　　shù zhé piě　　tí　　héng zhé zhé piě

héng zhé gōu　　héng zhé wān gōu　　héng zhé tí

héng zhé wān　　héng xié gōu　　héng zhé zhé zhé gōu

六 看名称，写笔画
kàn míng chēng   xiě bǐ huà

顺序

点	横折	竖	横钩	竖提

竖折	竖弯钩	横	竖弯	捺

斜钩	竖钩	撇点	横折钩	撇

撇折	提	弯钩	横折折撇

横折弯钩	横斜钩	横折提	横折弯

竖折折钩	横撇	卧钩	横撇弯钩

竖折撇	横折折折钩

乱序

横	横撇弯钩	捺	横钩	横折钩

竖折折钩	竖弯	竖钩	竖提

横折弯钩	卧钩	横折折撇	竖折撇

弯钩	提	横撇	撇

竖折	横折提	横斜钩	横折弯

竖弯钩	撇点	竖	横折折折钩

横折	撇折	斜钩	点

部首儿歌

扫码获取

• 看视频
• 听儿歌
• 笔顺动画
• 拓展学习

扫码听儿歌

部首儿歌

笔顺规则歌

xiān héng hòu shù　　xiān piě hòu nà
先横后竖，先撇后捺；

cóng shàng dào xià　　cóng zuǒ dào yòu
从上到下，从左到右；

xiān zhōng jiān　　hòu liǎng biān
先中间，后两边；

xiān wài hòu lǐ zài fēng kǒu
先外后里再封口。

一 左（旁）部首
zuǒ páng bù shǒu

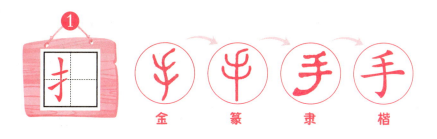

金　篆　隶　楷

⭐ 提手旁的字和手、手臂或手的动作等有关。"手"做
左偏旁时写作"扌"。

tí shǒu páng　　dài biǎo shǒu
提 手 旁 ， 代 表 手 ，

zì bǎo bao men shēn chū shǒu
字 宝 宝 们 伸 出 手 。

nǐ shēn shǒu　　wǒ shēn shǒu
你 伸 手 ， 我 伸 手 ，

zì jǐ dòng shǒu yàng yàng yǒu
自 己 动 手 样 样 有 。

伸手歌
shēn shǒu gē

（一）

拍	白字伸伸手，手儿拍一拍；

bái zì shēn shen shǒu　　shǒu ér pāi yi pāi

抬	台字伸伸手，手臂抬一抬；

tái zì shēn shen shǒu　　shǒu bì tái yi tái

摆	罢字伸伸手，手儿摆一摆；

bà zì shēn shen shǒu　　shǒu ér bǎi yi bǎi

排	非字伸伸手，大家站一排。

fēi zì shēn shen shǒu　　dà jiā zhàn yì pái

（二）

抄	少字伸手，抄起双手；

shǎo zì shēn shǒu　　chāo qǐ shuāng shǒu

扮	分字伸手，扮演小丑；

fēn zì shēn shǒu　　bàn yǎn xiǎo chǒu

扣	口字伸手，扣好纽扣；

kǒu zì shēn shǒu　　kòu hǎo niǔ kòu

找	戈字伸手，找到朋友。

gē zì shēn shǒu　　zhǎo dào péng you

（三）

<table>
<tr><td>miǎn
免</td><td>zì
字</td><td>shēn
伸</td><td>shǒu
手，</td><td>wǎn
挽</td><td>qǐ
起</td><td>yī
衣</td><td>xiù
袖；</td></tr>
<tr><td>hé
合</td><td>zì
字</td><td>shēn
伸</td><td>shǒu
手，</td><td>shí
拾</td><td>qǐ
起</td><td>dòu
豆</td><td>dou
豆；</td></tr>
<tr><td>quán
全</td><td>zì
字</td><td>shēn
伸</td><td>shǒu
手，</td><td>shuān
拴</td><td>zhù
住</td><td>shēng
牲</td><td>kou
口；</td></tr>
<tr><td>níng
宁</td><td>zì
字</td><td>shēn
伸</td><td>shǒu
手，</td><td>nǐng
拧</td><td>kāi
开</td><td>lóng
龙</td><td>tóu
头。</td></tr>
</table>

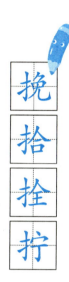

（四）

<table>
<tr><td>fā
发</td><td>zì
字</td><td>shēn
伸</td><td>shǒu
手，</td><td>bō
拨</td><td>dòng
动</td><td>qín
琴</td><td>xián
弦；</td></tr>
<tr><td>shì
是</td><td>zì
字</td><td>shēn
伸</td><td>shǒu
手，</td><td>tí
提</td><td>qǐ
起</td><td>zhú
竹</td><td>lán
篮；</td></tr>
<tr><td>xīn
欣</td><td>zì
字</td><td>shēn
伸</td><td>shǒu
手，</td><td>xiān
掀</td><td>kāi
开</td><td>mén
门</td><td>lián
帘；</td></tr>
<tr><td>lán
兰</td><td>zì
字</td><td>shēn
伸</td><td>shǒu
手，</td><td>qián
前</td><td>qù
去</td><td>zǔ
阻</td><td>lán
拦。</td></tr>
</table>

（五）

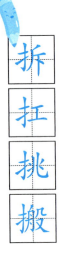

chì zì shēn shǒu　　chāi chú wēi lóu
斥字伸手，拆除危楼；

gōng zì shēn shǒu　　káng qǐ mù tou
工字伸手，扛起木头；

zhào zì shēn shǒu　　tiāo qǐ zhuān tou
兆字伸手，挑起砖头；

bān zì shēn shǒu　　hěn kuài bān zǒu
般字伸手，很快搬走。

（六）

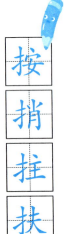

ān zì shēn shǒu　　àn xiǎng mén líng
安字伸手，按响门铃；

xiāo zì shēn shǒu　　shāo dài shū xìn
肖字伸手，捎带书信；

zhǔ zì shēn shǒu　　zhǔ zhe guǎi gùn
主字伸手，拄着拐棍；

fū zì shēn shǒu　　fú zhù lǎo rén
夫字伸手，扶住老人。

（七）

zhī zì shēn shǒu　　xué xí jì shù
支字伸手，学习技术；

jiǎ zì shēn shǒu　　yā sòng huò wù
甲字伸手，押送货物；

dòu zì shēn shǒu　　dǒu luò chén tǔ
斗字伸手，抖落尘土；

kōng zì shēn shǒu　　kòng zhì sù dù
空字伸手，控制速度。

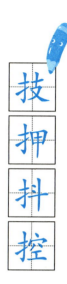

技
押
抖
控

（八）

bā zì shēn shǒu　　zhuō zhù pá shǒu
八字伸手，捉住扒手；

zhǐ zì shēn shǒu　　shēn chū zhǐ tou
旨字伸手，伸出指头；

mò zì shēn shǒu　　qù mō kù dōu
莫字伸手，去摸裤兜；

zhuǎ zì shēn shǒu　　zhuā qǐ zhú lǒu
爪字伸手，抓起竹篓。

扒
指
摸
抓

（九）

撕
折
扔
抱

sī zì shēn shǒu　　sī xià fèi zhǐ
斯字伸手，撕下废纸；

jīn zì shēn shǒu　　zhé jià fēi jī
斤字伸手，折架飞机；

nǎi zì shēn shǒu　　rēng chū dōng xi
乃字伸手，扔出东西；

bāo zì shēn shǒu　　bào zài huái lǐ
包字伸手，抱在怀里。

（十）

pí zì shēn shǒu　　pī shàng yǔ yī
皮字伸手，披上雨衣；

dāng zì shēn shǒu　　dǎng zhù fēng yǔ
当字伸手，挡住风雨；

bàn zì shēn shǒu　　jiǎo bàn shuǐ ní
半字伸手，搅拌水泥；

sàn zì shēn shǒu　　sǎ xià zhǒng zi
散字伸手，撒下种子。

甲　金　篆　楷

★ 两点水的字，一般表示寒冷、凝结等意思。"冫"是"冰"的古文字，读作"bīng"。

liǎng diǎn gē
两点歌

（一）

liǎng diǎn kàn hé shuǐ　　shuǐ miàn jié le bīng
两点看河水，水面结了冰；

liǎng diǎn chuán mìng lìng　　jiā jiā fáng hán lěng
两点传命令，家家防寒冷；

liǎng diǎn dǎ hā qian　　jǐ cì bì yǎn jing
两点打哈欠，几次闭眼睛；

liǎng diǎn zhēng sǎo dì　　dì miàn sǎo gān jìng
两点争扫地，地面扫干净。

冰
冷
次
净

（二）

	liǎng diǎn dào jīng chéng　　jīng chéng chuī liáng fēng
凉	两 点 到 京 城 ， 京 城 吹 凉 风 ；
冻	liǎng diǎn dào dōng bian　　dōng bian yǒu shuāng dòng 两 点 到 东 边 ， 东 边 有 霜 冻 ；
冲	liǎng diǎn huí jiā zhōng　　dǎ shuǐ chōng yi chōng 两 点 回 家 中 ， 打 水 冲 一 冲 ；
况	liǎng diǎn jiàn xiōng zhǎng　　qíng kuàng yǐ nòng qīng 两 点 见 兄 长 ， 情 况 已 弄 清 。

甲　金　篆　隶　楷

★ 肉月旁的字和肉体、人的身体器官有关。"肉"做左偏旁时写作"月"。

见月歌
jiàn yuè gē

（一）

xī zì jiàn yuè là méi huā ér kāi
昔 字 见 月，腊 梅*花 儿 开；

tái zì jiàn yuè tāi ér shēng xià lái
台 字 见 月，胎 儿 生 下 来；

yǒng zì jiàn yuè mài bó tiào de kuài
永 字 见 月，脉 搏 跳 得 快；

fū zì jiàn yuè pí fū nèn yòu bái
夫 字 见 月，皮 肤 嫩 又 白。

腊
胎
脉
肤

———————

*"腊梅"同"蜡梅"。

（二）

胖

bàn zì jiàn yuè　　wá wa zhǎng de pàng
半 字 见 月 ， 娃 娃 长 得 胖 ；

膀

páng zì jiàn yuè　　wá wa pāi jiān bǎng
旁 字 见 月 ， 娃 娃 拍 肩 膀 ；

膛

táng zì jiàn yuè　　wá wa tǐng xiōng táng
堂 字 见 月 ， 娃 娃 挺 胸 膛 ；

腔

kōng zì jiàn yuè　　wá wa kāi le qiāng
空 字 见 月 ， 娃 娃 开 了 腔 。

（三）

胞

bāo zì jiàn yuè　　tóng bāo huí gù xiāng
包 字 见 月 ， 同 胞 回 故 乡 ；

脏

zhuāng zì jiàn yuè　　gàn huó bú pà zāng
庄 字 见 月 ， 干 活 不 怕 脏 ；

胆

dàn zì jiàn yuè　　shēng lái dǎn zi zhuàng
旦 字 见 月 ， 生 来 胆 子 壮 ；

胜

shēng zì jiàn yuè　　zǒng shì dǎ shèng zhàng
生 字 见 月 ， 总 是 打 胜 仗 。

（四）

yuè zì jiàn yuè，jiāo gè hǎo péng you
月 字 见 月 ， 交 个 好 朋 友 ；

bā zì jiàn yuè，zhǎng de hǎo féi pàng
巴 字 见 月 ， 长 得 好 肥 胖 ；

tǔ zì jiàn yuè，zhēn zhèng hǎo dù liàng
土 字 见 月 ， 真 正 好 肚 量 ；

zhǎng zì jiàn yuè，dù zi chī de zhàng
长 字 见 月 ， 肚 子 吃 得 胀 ；

朋 肥 肚 胀

（五）

qiān zì jiàn yuè，liǎn dàn xiǎo yòu xiǎo
佥 字 见 月 ， 脸 蛋 小 又 小 ；

yào zì jiàn yuè，zhào zài bàn shān yāo
要 字 见 月 ， 照 在 半 山 腰 ；

wǎn zì jiàn yuè，shǒu wàn līn gè bāo
宛 字 见 月 ， 手 腕 拎 个 包 ；

què zì jiàn yuè，jiǎo shàng chuān xīn xié
却 字 见 月 ， 脚 上 穿 新 鞋 。

脸 腰 腕 脚

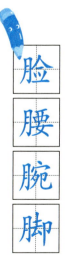

④ 日 甲 金 篆 隶 楷

✦ 日字旁的字，一般和太阳、时间、光线等有关。

见日歌
jiàn rì gē

（一）

晴　qīng zì jiàn rì guāng，tiān kōng duō qíng lǎng
青 字 见 日 光 ， 天 空 多 晴 朗 ；

明　yuè zì jiàn rì guāng，yáng guāng hěn míng liàng
月 字 见 日 光 ， 阳 光 很 明 亮 ；

时　cùn zì jiàn rì guāng，yù shàng hǎo shí guāng
寸 字 见 日 光 ， 遇 上 好 时 光 ；

旺　wáng zì jiàn rì guāng，shì yè hěn xīng wàng
王 字 见 日 光 ， 事 业 很 兴 旺 。

（二）

xī zì jiàn rì guāng chū mén shài tài yáng
西 字 见 日 光 ， 出 门 晒 太 阳 ；

xiàng zì jiàn rì guāng shǎng wǔ guāng xiàn qiáng
向 字 见 日 光 ， 晌 午 光 线 强 ；

jīng zì jiàn rì guāng yáng tái liàng yī shang
京 字 见 日 光 ， 阳 台 晾 衣 裳 ；

miǎn zì jiàn rì guāng wǎn shang yǒu yuè liang
免 字 见 日 光 ， 晚 上 有 月 亮 。

晒
晌
晾
晚

（三）

zhà zì jiàn rì guāng zuó yè shì yīn tiān
乍 字 见 日 光 ， 昨 夜 是 阴 天 ；

yīn zì jiàn rì guāng tiān sè hěn hūn àn
音 字 见 日 光 ， 天 色 很 昏 暗 ；

yáo zì jiàn rì guāng jī míng lái bào xiǎo
尧 字 见 日 光 ， 鸡 鸣 来 报 晓 ；

yāng zì jiàn rì guāng hé shuǐ yìng lán tiān
央 字 见 日 光 ， 河 水 映 蓝 天 。

昨
暗
晓
映

5

甲　金　篆　隶　楷

★ 口字旁的字，大多数和口、口的动作、语言等有关。

kǒu zì páng　　shì zuǐ ba
口 字 旁 ， 是 嘴 巴 ，

zì bǎo bao men zuì ài tā
字 宝 宝 们 最 爱 它 。

tǔ pào pao　　chuī lǎ ba
吐 泡 泡 ， 吹 喇 叭 ，

chī fàn chàng gē xiào hā hā
吃 饭 唱 歌 笑 哈 哈 。

开口歌
kāi kǒu gē

（一）

qiàn zì kāi kǒu chuī chū pào pao
欠 字 开 口 ，吹 出 泡 泡 ；

qǐ zì kāi kǒu yào chī dàn gāo
乞 字 开 口 ，要 吃 蛋 糕 ；

hé zì kāi kǒu yào hē yǐn liào
曷 字 开 口 ，要 喝 饮 料 ；

wèi zì kāi kǒu cháng chang wèi dào
未 字 开 口 ，尝 尝 味 道 。

吹
吃
喝
味

（二）

shǎo zì kāi kǒu chǎo chǎo nào nào
少 字 开 口 ，吵 吵 闹 闹 ；

dāo zì kāi kǒu láo lao dāo dāo
刀 字 开 口 ，唠 唠 叨 叨 ；

xiàng zì kāi kǒu shēng yīn xiǎng liàng
向 字 开 口 ，声 音 响 亮 ；

xuān zì kāi kǒu dà shēng xuān nào
宣 字 开 口 ，大 声 喧 闹 。

吵
叨
响
喧

（三）

叭	bā zì kāi kǒu，bā bā bā bā xiǎng； 八 字 开 口，叭 叭 叭 叭 响；
啪	pāi zì kāi kǒu，pā pā pā pā xiǎng； 拍 字 开 口，啪 啪 啪 啪 响；
哗	huá zì kāi kǒu，huā huā huā huā xiǎng； 华 字 开 口，哗 哗 哗 哗 响；
啦	lā zì kāi kǒu，huā lā huā lā xiǎng。 拉 字 开 口，哗 啦 哗 啦 响。

（四）

叽	jǐ zì zhāng kāi kǒu，jī jī jī jī jiào； 几 字 张 开 口，叽 叽 叽 叽 叫；
吱	zhī zì zhāng kāi kǒu，zī zī zī zī jiào； 支 字 张 开 口，吱 吱 吱 吱 叫；
咯	gè zì zhāng kāi kǒu，gē gē gē gē jiào； 各 字 张 开 口，咯 咯 咯 咯 叫；
喔	wū zì zhāng kāi kǒu，wō wō wō wō jiào。 屋 字 张 开 口，喔 喔 喔 喔 叫。

（五）

gǔ zì zhāng kāi kǒu　　gū gū gū gū jiào
古 字 张 开 口 ， 咕 咕 咕 咕 叫 ；

míáo zì zhāng kāi kǒu　　miāo miāo miāo miāo jiào
苗 字 张 开 口 ， 喵 喵 喵 喵 叫 ；

jiá zì zhāng kāi kǒu　　gā gā gā gā jiào
戞 字 张 开 口 ， 嘎 嘎 嘎 嘎 叫 ；

yáng zì zhāng kāi kǒu　　miē miē miē miē jiào
羊 字 张 开 口 ， 咩 咩 咩 咩 叫 。

咕　喵　嘎　咩

（六）

wèi zì kāi kǒu　　wèi yǎng xiǎo gǒu
畏 字 开 口 ， 喂 养 小 狗 ；

lì zì kāi kǒu　　dà hǎn jiā yóu
力 字 开 口 ， 大 喊 加 油 ；

kǒng zì kāi kǒu　　dà shēng nù hǒu
孔 字 开 口 ， 大 声 怒 吼 ；

xià zì kāi kǒu　　xià zǒu xiǎo tōu
下 字 开 口 ， 吓 走 小 偷 。

喂　加　吼　吓

（七）

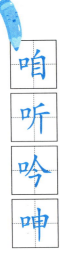

咱

zì zì kāi kǒu　　tōng zhī zán men
自 字 开 口 ， 通 知 咱 们 ；

听

jīn zì kāi kǒu　　rèn zhēn lái tīng
斤 字 开 口 ， 认 真 来 听 ；

吟

jīn zì kāi kǒu　　yín sòng gǔ wén
今 字 开 口 ， 吟 诵 古 文 ；

呻

shēn zì kāi kǒu　　bú duàn shēn yín
申 字 开 口 ， 不 断 呻 吟 。

（八）

唱

chāng zì kāi kǒu　　fàng shēng gē chàng
昌 字 开 口 ， 放 声 歌 唱 ；

鸣

niǎo zì kāi kǒu　　yì míng jīng rén
鸟 字 开 口 ， 一 鸣 惊 人 ；

嚷

xiāng zì kāi kǒu　　dà shēng jiào rǎng
襄 字 开 口 ， 大 声 叫 嚷 ；

嗓

sāng zì kāi kǒu　　sǎng zi fā yǎng
桑 字 开 口 ， 嗓 子 发 痒 。

（九）

hé zì kāi kǒu　hā hā yí xiào
合字开口，哈哈一笑；

kě zì kāi kǒu　hē hē yí xiào
可字开口，呵呵一笑；

xǐ zì kāi kǒu　xī xī yí xiào
喜字开口，嘻嘻一笑；

hēi zì kāi kǒu　hēi hēi yí xiào
黑字开口，嘿嘿一笑。

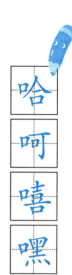

哈
呵
嘻
嘿

（十）

luó zì kāi kǒu　shuō huà luō suo
罗字开口，说话啰唆；

duō zì kāi kǒu　quán shēn duō suo
多字开口，全身哆嗦；

chuí zì kāi kǒu　tǔ chū tuò mo
垂字开口，吐出唾沫；

yāo zì kāi kǒu　dà shēng yāo he
幺字开口，大声吆喝。

啰
哆
唾
吆

6 石

甲　金　篆　隶　楷

⭐ 石字旁的字，一般和石头、石制品等有关，有时也表示·坚硬等意思。

yǒu shí gē
有石歌

（一）

砖	zhuān zì yǒu shí tou　yòng lái zuò cí zhuān 专 字 有 石 头 ， 用 来 做 瓷 砖 ；
砧	zhàn zì yǒu shí tou　yòng lái zuò zhēn bǎn 占 字 有 石 头 ， 用 来 做 砧 板 ；
砚	jiàn zì yǒu shí tou　yòng lái zuò duān yàn 见 字 有 石 头 ， 用 来 做 端 砚 ；
碗	wǎn zì yǒu shí tou　yòng lái zuò fàn wǎn 宛 字 有 石 头 ， 用 来 做 饭 碗 。

（二）

guǎng zì yǒu shí tou shí tou shì tiě kuàng
广字有石头，石头是铁矿；　矿

gèng zì yǒu shí tou shí tou yìng bāng bāng
更字有石头，石头硬邦邦；　硬

píng zì yǒu shí tou qiāo de pēng pēng xiǎng
平字有石头，敲得砰砰响；　砰

pí zì yù shí tou pí fū bèi cā pò
皮字遇石头，皮肤被擦破。　破

（三）

qiàn zì yù shí tou kǎn shù qǐ de zǎo
欠字遇石头，砍树起得早；　砍

chū zì yǒu shí tou jī chǔ dǎ de hǎo
出字有石头，基础打得好；　础

bēi zì yǒu shí tou shí bēi gāo yòu gāo
卑字有石头，石碑高又高；　碑

jiǎo zì yǒu shí tou què shí chī de bǎo
角字有石头，确实吃得饱。　确

7

甲　金　篆　隶　楷

> ★ 衣字旁的字，一般和衣服、被子、穿着等有关。
> "衣"做左偏旁时写作"衤"。

yī zì páng shì yī shang
衣字旁，是衣裳，

zì bǎo bao men jiā yī máng
字宝宝们加衣忙。

nǐ jiā yī wǒ jiā yī
你加衣，我加衣，

jiā shàng yī shang bù zháo liáng
加上衣裳不着凉。

加衣歌
jiā yī gē

（一）

天字加衣，穿上棉袄；
yāo zì jiā yī chuān shàng mián ǎo

皮字加衣，套上被套；
pí zì jiā yī tào shàng bèi tào

包字加衣，穿件旗袍；
bāo zì jiā yī chuān jiàn qí páo

由字加衣，卷起袖子。
yóu zì jiā yī juǎn qǐ xiù zi

袄
被
袍
袖

（二）

卜字加衣裳，先把衣服补；
bǔ zì jiā yī shang xiān bǎ yī fu bǔ

末字加衣裳，套上小花袜；
mò zì jiā yī shang tào shàng xiǎo huā wà

库字加衣裳，穿上花棉裤；
kù zì jiā yī shang chuān shàng huā mián kù

旦字加衣裳，胸膛不袒露。
dàn zì jiā yī shang xiōng táng bù tǎn lù

补
袜
裤
袒

⑧

甲　篆　隶　楷

★ 示字旁的字，一般和鬼神、祭祀、宗庙、祈福、礼仪等有关。"示"做左偏旁时写作"礻"。

指 示 歌
zhǐ　shì　gē

（一）

视
神
社
祥

jiàn zì zhǐ shì　shōu kàn diàn shì
见 字 指 示 ， 收 看 电 视 ；

shēn zì zhǐ shì　shí fēn shén qì
申 字 指 示 ， 十 分 神 气 ；

tǔ zì zhǐ shì　zǒu jìn shè qū
土 字 指 示 ， 走 进 社 区 ；

yáng zì zhǐ shì　jí xiáng rú yì
羊 字 指 示 ， 吉 祥 如 意 。

（二）

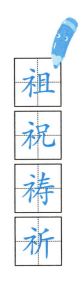

qiě zì zhǐ shì，qù jiàn zǔ fù
且 字 指 示 ，去 见 祖 父 ；

xiōng zì zhǐ shì，kāi huì qìng zhù
兄 字 指 示 ，开 会 庆 祝 ；

shòu zì zhǐ shì，wèi tā dǎo gào
寿 字 指 示 ，为 他 祷 告 ；

jīn zì zhǐ shì，wèi tā qí fú
斤 字 指 示 ，为 他 祈 福 。

扫码获取
·看 视 频
·听 儿 歌
·笔 顺 动画
·拓 展 学 习

9

甲　金　篆　隶　楷

★ 目字旁的字，大多数和眼睛或眼部的动作有关。

yǒu mù gē
有 目 歌

（一）

眼　　gěn zì yǒu mù guāng　shuāng yǎn míng yòu liàng
　　　艮 字 有 目 光 ， 双 眼 明 又 亮 ；

睛　　qīng zì yǒu mù guāng　　yǎn jing kàn qián fāng
　　　青 字 有 目 光 ， 眼 睛 看 前 方 ；

睁　　zhēng zì yǒu mù guāng　zhēng kāi yǎn jing wàng
　　　争 字 有 目 光 ， 睁 开 眼 睛 望 ；

眨　　fá zì yǒu mù guāng　　zhǎ yǎn xià shān gāng
　　　乏 字 有 目 光 ， 眨 眼 下 山 冈 。

（二）

dēng zì yǒu mù guāng   dèng zhe dà yǎn jing
登 字 有 目 光 ， 瞪 着 大 眼 睛 ；

dīng zì yǒu mù guāng   yǎn jing dīng yi dīng
丁 字 有 目 光 ， 眼 睛 盯 一 盯 ；

jiāo zì yǒu mù guāng   jìn wū qiáo yi qiáo
焦 字 有 目 光 ， 进 屋 瞧 一 瞧 ；

miáo zì yǒu mù guāng   shè jī miáo de zhǔn
苗 字 有 目 光 ， 射 击 瞄 得 准 。

瞪
盯
瞧
瞄

（三）

mǐ zì yǒu mù guāng   mī shàng yì shuāng yǎn
米 字 有 目 光 ， 眯 上 一 双 眼 ；

zhào zì yǒu mù guāng   tiào wàng dà hǎi miàn
兆 字 有 目 光 ， 眺 望 大 海 面 ；

fēn zì yǒu mù guāng   tiān tiān zài qī pàn
分 字 有 目 光 ， 天 天 在 期 盼 ；

mù zì yǒu mù guāng   xiāng xìn néng tuán yuán
木 字 有 目 光 ， 相 信 能 团 圆 。

眯
眺
盼
相

甲　金　篆　隶　楷

⭐ 提土旁的字，大多数和泥土、土地、建筑、尘土等有关。

tí tǔ páng　　duī ní tǔ
提 土 旁 ， 堆 泥 土 ，

zì bǎo bao men lái tiāo tǔ
字 宝 宝 们 来 挑 土 。

nǐ tiāo tǔ　　wǒ tiāo tǔ
你 挑 土 ， 我 挑 土 ，

bú pà lèi lái bú pà kǔ
不 怕 累 来 不 怕 苦 。

挑土歌
tiāo tǔ gē

（一）

也字挑土，改造田地；
yě zì tiāo tǔ　　gǎi zào tián dì

止字挑土，找到地址；
zhǐ zì tiāo tǔ　　zhǎo dào dì zhǐ

是字挑土，修筑河堤；
shì zì tiāo tǔ　　xiū zhù hé dī

及字挑土，运走垃圾。
jí zì tiāo tǔ　　yùn zǒu lā jī

地
址
堤
圾

（二）

竟字挑土，美化环境；
jìng zì tiāo tǔ　　měi huà huán jìng

平字挑土，修剪草坪；
píng zì tiāo tǔ　　xiū jiǎn cǎo píng

成字挑土，修筑城墙；
chéng zì tiāo tǔ　　xiū zhù chéng qiáng

亢字挑土，倒进土坑。
kàng zì tiāo tǔ　　dào jìn tǔ kēng

境
坪
城
坑

趣读识写一条龙

⑪

甲 金 篆 楷

⭐ 车字旁的字，一般和车、车轮等有关。

有车歌
yǒu chē gē

（一）

较	交字有车子，车子比较好； jiāo zì yǒu chē zi chē zi bǐ jiào hǎo
轿	乔字有车子，轿车往前跑； qiáo zì yǒu chē zi jiào chē wǎng qián pǎo
轨	九字有车子，车子上轨道； jiǔ zì yǒu chē zi chē zi shàng guǐ dào
辅	甫字有车子，坐车来辅导。 fǔ zì yǒu chē zi zuò chē lái fǔ dǎo

（二）

jīng zì yǒu chē zi，chē zi hěn qīng biàn
圣 字 有 车 子 ， 车 子 很 轻 便 ；

zhuān zì yǒu chē zi，zuò chē zhuàn yì quān
专 字 有 车 子 ， 坐 车 转 一 圈 ；

lún zì yǒu chē zi，chē lún zhuàn de huān
仑 字 有 车 子 ， 车 轮 转 得 欢 ；

yóu zì yǒu chē zi，chē zhóu gāng gāng huàn
由 字 有 车 子 ， 车 轴 刚 刚 换 。

| 轻 |
| 转 |
| 轮 |
| 轴 |

甲　篆　楷

★ 米字旁的字，大多数和食品、粮食等有关。

yǒu mǐ gē
有米歌

（一）

粮
糙
糯
粽

liáng zì yǒu mǐ　　bù quē liáng shi
良 字 有 米 ， 不 缺 粮 食 ；

zào zì yǒu mǐ　　shēng chǎn cāo mǐ
造 字 有 米 ， 生 产 糙 米 ；

xū zì yǒu mǐ　　ài chī nuò mǐ
需 字 有 米 ， 爱 吃 糯 米 ；

zōng zì yǒu mǐ　　zuò chéng zòng zi
宗 字 有 米 ， 做 成 粽 子 。

（二）

dòu zì yǒu mǐ　　zuò chéng yǐn liào
斗 字 有 米 ， 做 成 饮 料 ；

gāo zì yǒu mǐ　　zuò chéng dàn gāo
羔 字 有 米 ， 做 成 蛋 糕 ；

táng zì yǒu mǐ　　táng guǒ hěn xiǎo
唐 字 有 米 ， 糖 果 很 小 ；

qiě zì yǒu mǐ　　ài chī cū liáng
且 字 有 米 ， 爱 吃 粗 粮 。

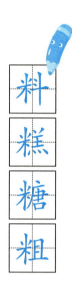

（三）

fēn zì yǒu mǐ　　zuò chéng mǐ fěn
分 字 有 米 ， 做 成 米 粉 ；

qīng zì yǒu mǐ　　jīng xīn bǎo cún
青 字 有 米 ， 精 心 保 存 ；

lì zì yǒu mǐ　　mǐ lì gān jìng
立 字 有 米 ， 米 粒 干 净 ；

hú zì yǒu mǐ　　zuò chéng hú jīng
胡 字 有 米 ， 做 成 糊 精 。

⑬ 金 篆 隶 楷

★ 金字旁的字，一般和金属制品等有关。"金"做偏旁时写作"钅"。

jīn zì páng　shì jīn shǔ
金 字 旁 ， 是 金 属 ，

yòng tā kě yǐ zuò qì wù
用 它 可 以 做 器 物 。

zì bǎo bao　shǒu ér qiǎo
字 宝 宝 ， 手 儿 巧 ，

zuò de qì wù zhēn bù shǎo
做 的 器 物 真 不 少 。

有金歌
yǒu jīn gē

(一)

失字有金属，用来做铁锹；
shī zì yǒu jīn shǔ yòng lái zuò tiě qiāo

同字有金属，用来做铜丝；
tóng zì yǒu jīn shǔ yòng lái zuò tóng sī

丁字有金属，用来做钉子；
dīng zì yǒu jīn shǔ yòng lái zuò dīng zi

甘字有金属，用来做钳子。
gān zì yǒu jīn shǔ yòng lái zuò qián zi

铁
铜
钉
钳

(二)

十字有金属，做成绣花针；
shí zì yǒu jīn shǔ zuò chéng xiù huā zhēn

冈字有金属，用来做钢丝；
gāng zì yǒu jīn shǔ yòng lái zuò gāng sī

令字有金属，用来做铃铛；
lìng zì yǒu jīn shǔ yòng lái zuò líng dang

月字有金属，用来做钥匙。
yuè zì yǒu jīn shǔ yòng lái zuò yào shi

针
钢
铃
钥

（三）

钟	zhōng zì yǒu jīn shǔ　　yòng lái zuò zhōng biǎo 中 字 有 金 属 ，　用 来 做 钟 表 ；
钞	shǎo zì yǒu jīn shǔ　　yòng lái huàn chāo piào 少 字 有 金 属 ，　用 来 换 钞 票 ；
锚	miáo zì yǒu jīn shǔ　　yòng lái zuò tiě máo 苗 字 有 金 属 ，　用 来 做 铁 锚 ；
锹	qiū zì yǒu jīn shǔ　　yòng lái zuò tiě qiāo 秋 字 有 金 属 ，　用 来 做 铁 锹 。

（四）

镇	zhēn zì yǒu jīn shǔ　　zhèn shàng jiàn xīn wū 真 字 有 金 属 ，　镇 上 建 新 屋 ；
铺	fǔ zì yǒu jīn shǔ　　kāi jiān xiǎo diàn pù 甫 字 有 金 属 ，　开 间 小 店 铺 ；
销	xiāo zì yǒu jīn shǔ　　xiāo shòu hěn máng lù 肖 字 有 金 属 ，　销 售 很 忙 碌 ；
错	xī zì yǒu jīn shǔ　　zuò tí wú cuò wù 昔 字 有 金 属 ，　做 题 无 错 误 。

14
贝

甲　金　篆　隶　楷

★ 贝字旁的字，大多数和钱财、货物、贸易等有关，也表示贵重的意思。

bǎo bèi gē
宝贝歌

（一）

cái　zì　yǒu　bǎo　bèi
才　字　有　宝　贝　，　

kě　yǐ　fā　dà　cái
可　以　发　大　财　；　

财

fǎn　zì　yǒu　bǎo　bèi
反　字　有　宝　贝　，　

fàn　mài　zhōng　yào　cái
贩　卖　中　药　材　；　

贩

gōu　zì　yǒu　bǎo　bèi
勾　字　有　宝　贝　，　

dà　jiā　lái　gòu　mǎi
大　家　来　购　买　；　

购

yì　zì　yǒu　bǎo　bèi
易　字　有　宝　贝　，　

shǎng　cì　gěi　xiǎo　hái
赏　赐　给　小　孩　。

赐

（二）

赚　兼字有宝贝，开店赚了钱；

赠　曾字有宝贝，赠给敬老院；

贴　占字有宝贝，每月津贴多；

赌　者字有宝贝，千万别赌博。

甲　金　篆　隶　楷

> ★ 王字旁的字，一般和玉石、玉器等有关，表示珍贵、美好的意思。王字旁由"玉"省去最后一点变形而来，也叫斜玉旁。

见王歌
jiàn wáng gē

（一）

见字见国王，愿望已实现；
jiàn zì jiàn guó wáng　yuàn wàng yǐ shí xiàn

元字见国王，国王留他玩；
yuán zì jiàn guó wáng　guó wáng liú tā wán

不字见国王，一起滚铁环；
bù zì jiàn guó wáng　yì qǐ gǔn tiě huán

令字见国王，模样很玲珑。
lìng zì jiàn guó wáng　mú yàng hěn líng lóng

现
玩
环
玲

（二）

	zhū zì jiàn guó wáng，zhū bǎo pěng shǒu lǐ
珠	朱 字 见 国 王，珠 宝 捧 手 里；
球	qiú zì jiàn guó wáng，yì qǐ bǎ qiú tī 求 字 见 国 王，一 起 把 球 踢；
理	lǐ zì jiàn guó wáng，tóng tā jiǎng dào lǐ 里 字 见 国 王，同 他 讲 道 理；
琼	jīng zì jiàn guó wáng，qióng jiāng sòng gěi nǐ 京 字 见 国 王，琼 浆 送 给 你。

甲　金　篆　隶　楷

木字旁的字，大多数和植物、木材、木制品等有关。

mù zì páng　　shì shù lín
木 字 旁 ，是 树 林，

zì bǎo bao men lái zhí shù
字 宝 宝 们 来 植 树。

mù zì páng　　shì mù liào
木 字 旁 ，是 木 料，

yòng tā kě yǐ zuò qì wù
用 它 可 以 做 器 物。

靠木歌
kào mù gē

树	对字靠着木，就是一棵树； duì zì kào zhe mù　jiù shì yì kē shù
植	直字靠着木，大家来植树； zhí zì kào zhe mù　dà jiā lái zhí shù
棵	果字靠着木，栽下树一棵； guǒ zì kào zhe mù　zāi xià shù yì kē
榔	郎字靠着木，用它做榔头。 láng zì kào zhe mù　yòng tā zuò láng tou

植树歌
zhí shù gē

（一）

柿	市字来植树，树上结柿子； shì zì lái zhí shù　shù shàng jiē shì zi
柑	甘字来植树，树上结柑子； gān zì lái zhí shù　shù shàng jiē gān zi
松	公字来植树，树上结松子； gōng zì lái zhí shù　shù shàng jiē sōng zǐ
柚	由字来植树，树上结柚子。 yóu zì lái zhí shù　shù shàng jiē yòu zi

（二）

zhào zì lái zhí shù　shù shàng jiē táo zi
兆 字 来 植 树 ， 树 上 结 桃 子 ；

měi zì lái zhí shù　shù shàng jiē méi zi
每 字 来 植 树 ， 树 上 结 梅 子 ；

dēng zì lái zhí shù　shù shàng jiē chéng zi
登 字 来 植 树 ， 树 上 结 橙 子 ；

yē zì lái zhí shù　shù shàng jiē yē zi
耶 字 来 植 树 ， 树 上 结 椰 子 。

桃
梅
橙
椰

yǒu mù gē
有 木 歌

（一）

gōng zì yǒu mù liào　yòng tā zuò shuāng gàng
工 字 有 木 料 ， 用 它 做 双 杠 ；

zhàng zì yǒu mù liào　yòng tā zuò guǎi zhàng
丈 字 有 木 料 ， 用 它 做 拐 杖 ；

cāng zì yǒu mù liào　yòng tā zuò shǒu qiāng
仓 字 有 木 料 ， 用 它 做 手 枪 ；

shì zì yǒu mù liào　yòng tā zuò biāo qiāng
示 字 有 木 料 ， 用 它 做 标 枪 。

杠
杖
枪
标

（二）

杯	bù zì yǒu mù liào　　yòng tā zuò bēi zi 不字有木料，用它做杯子；
柜	jù zì yǒu mù liào　　yòng tā zuò guì zi 巨字有木料，用它做柜子；
柱	zhǔ zì yǒu mù liào　　yòng tā zuò zhù zi 主字有木料，用它做柱子；
棋	qí zì yǒu mù liào　　yòng tā zuò xiàng qí 其字有木料，用它做象棋。

（三）

椅	qí zì yǒu mù liào　　yòng tā zuò yǐ zi 奇字有木料，用它做椅子；
梯	dì zì yǒu mù liào　　yòng tā zuò tī zi 弟字有木料，用它做梯子；
机	jǐ zì yǒu mù liào　　yòng tā zuò jī qì 几字有木料，用它做机器；
极	jí zì yǒu mù liào　　jià qián jí pián yi 及字有木料，价钱极便宜。

（四）

gān zì yǒu mù liào　　yòng lái zuò bǐ gǎn
干 字 有 木 料 ， 用 来 做 笔 杆 ；　　杆

fǎn zì yǒu mù liào　　yòng lái zuò hēi bǎn
反 字 有 木 料 ， 用 来 做 黑 板 ；　　板

lán zì yǒu mù liào　　yòng lái zuò lán gān
兰 字 有 木 料 ， 用 来 做 栏 杆 ；　　栏

lóu zì yǒu mù liào　　yòng lái zuò lóu bǎn
娄 字 有 木 料 ， 用 来 做 楼 板 。　　楼

（五）

kūn zì yǒu mù liào　　yòng lái zuò mù gùn
昆 字 有 木 料 ， 用 来 做 木 棍 ；　　棍

bǐng zì yǒu mù liào　　yòng lái zuò dāo bǐng
丙 字 有 木 料 ， 用 来 做 刀 柄 ；　　柄

mò zì yǒu mù liào　　yòng lái zuò mó xíng
莫 字 有 木 料 ， 用 来 做 模 型 ；　　模

yáng zì yǒu mù liào　　yòng lái zuò yàng pǐn
羊 字 有 木 料 ， 用 来 做 样 品 。　　样

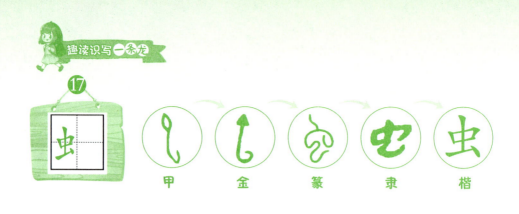

甲　金　篆　隶　楷

★ 虫字旁的字，大多数和虫类或虫类的动作等有关。

遇虫歌

（一）

蛾
螺
蝈
蝉

wǒ zì yù chóng　kàn jiàn fēi é
我字遇虫，看见飞蛾；

lèi zì yù chóng　kàn jiàn tián luó
累字遇虫，看见田螺；

guó zì yù chóng　yǎng zhī guō guo
国字遇虫，养只蝈蝈；

dān zì yù chóng　chán ér chàng gē
单字遇虫，蝉儿唱歌。

（二）

shuài zì yù chóng zi　　tīng jiàn xī shuài jiào
率 字 遇 虫 子 ，听 见 蟋 蟀 叫 ；

páng zì yù chóng zi　　páng xiè tǔ pào pao
旁 字 遇 虫 子 ，螃 蟹 吐 泡 泡 ；

hú zì yù chóng zi　　hú dié bǎ wǔ tiào
胡 字 遇 虫 子 ，蝴 蝶 把 舞 跳 ；

xī zì yù chóng zi　　là zhú diǎn qǐ lái
昔 字 遇 虫 子 ，蜡 烛 点 起 来 。

蟀
螃
蝴
蜡

（三）

xià zì yù chóng　　kàn jiàn lóng xiā
下 字 遇 虫 ，看 见 龙 虾 ；

guī zì yù chóng　　kàn jiàn qīng wā
圭 字 遇 虫 ，看 见 青 蛙 ；

mò zì yù chóng　　kàn jiàn há ma
莫 字 遇 虫 ，看 见 蛤 蟆 ；

wén zì yù chóng　　xiāo miè wén chóng
文 字 遇 虫 ，消 灭 蚊 虫 。

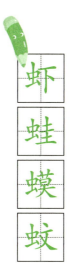

虾
蛙
蟆
蚊

甲　金　篆　隶　楷

★ 足字旁的字，一般和腿脚或腿脚的动作等有关。

zhǎng zú gē
长足歌

（一）

跳
跳
蹈
踢

bāo zì zhǎng zú　　bá tuǐ jiù pǎo
包字长足，拔腿就跑；

zhào zì zhǎng zú　　liàn xí tiào gāo
兆字长足，练习跳高；

yǎo zì zhǎng zú　　xué xí wǔ dǎo
舀字长足，学习舞蹈；

yì zì zhǎng zú　　tī le yì jiǎo
易字长足，踢了一脚。

（二）

bēng　zì　zhǎng　zú　　　bèng　bèng　tiào　tiào
崩　字　长　足　，　蹦　蹦　跳　跳　；

gěn　zì　zhǎng　zú　　　gēn　zhe　rén　pǎo
艮　字　长　足　，　跟　着　人　跑　；

cǎi　zì　zhǎng　zú　　　cǎi　le　yì　jiǎo
采　字　长　足　，　踩　了　一　脚　；

jiāo　zì　zhǎng　zú　　　shuāi　le　yì　jiāo
交　字　长　足　，　摔　了　一　跤　。

蹦
跟
踩
跤

（三）

gè　zì　zhǎng　zú　　　shàng　lù　bēn　pǎo
各　字　长　足　，　上　路　奔　跑　；

shī　zì　zhǎng　zú　　　zǒu　lù　diē　dǎo
失　字　长　足　，　走　路　跌　倒　；

duǒ　zì　zhǎng　zú　　　qì　de　duò　jiǎo
朵　字　长　足　，　气　得　跺　脚　；

pí　zì　zhǎng　zú　　　jiù　shì　bǒ　jiǎo
皮　字　长　足　，　就　是　跛　脚　。

路
跌
跺
跛

（四）

踮	diàn zì zhǎng zú　diǎn qǐ jiǎo jiān 店 字 长 足 ， 踮 起 脚 尖 ；
蹿	cuàn zì zhǎng zú　cuān de hěn yuǎn 窜 字 长 足 ， 蹿 得 很 远 ；
跃	yāo zì zhǎng zú　yuè guò héng gān 天 字 长 足 ， 跃 过 横 杆 ；
跪	wēi zì zhǎng zú　guì zài dì miàn 危 字 长 足 ， 跪 在 地 面 。

（五）

踏	tà zì zhǎng zú　tà shàng lóu tī 沓 字 长 足 ， 踏 上 楼 梯 ；
踪	zōng zì zhǎng zú　liú xià zōng jì 宗 字 长 足 ， 留 下 踪 迹 ；
蹲	zūn zì zhǎng zú　dūn zài jiā lǐ 尊 字 长 足 ， 蹲 在 家 里 ；
踱	dù zì zhǎng zú　duó lái duó qù 度 字 长 足 ， 踱 来 踱 去 。

19

甲　金　篆　隶　楷

★ 鱼字旁的字，一般和各种鱼的名字、鱼的器官、鱼的样子等有关。

yǎng yú gē
养鱼歌

（一）

lǐ zì yǎng yú　　yǎng tiáo lǐ yú
里 字 养 鱼 ， 养 条 鲤 鱼 ；

yóu zì yǎng yú　　yǎng tiáo yóu yú
尤 字 养 鱼 ， 养 条 鱿 鱼 ；

bāo zì yǎng yú　　yǎng zhī bào yú
包 字 养 鱼 ， 养 只 鲍 鱼 ；

lián zì yǎng yú　　yǎng tiáo lián yú
连 字 养 鱼 ， 养 条 鲢 鱼 。

鲤
鱿
鲍
鲢

（二）

鲫	jí zì lái yǎng yú jì yú bǎi bai wěi 即 字 来 养 鱼 ， 鲫 鱼 摆 摆 尾 ；
鲜	yáng zì lái yǎng yú wèi dào zhēn xiān měi 羊 字 来 养 鱼 ， 味 道 真 鲜 美 ；
鳅	qiū zì lái yǎng yú ní qiu zhǎng de féi 秋 字 来 养 鱼 ， 泥 鳅 长 得 肥 ；
鲸	jīng zì lái yǎng yú jīng yú huì pēn shuǐ 京 字 来 养 鱼 ， 鲸 鱼 会 喷 水 。

甲 金 篆 隶 楷

★ 三点水的字和水流、液体等有关。

遇水歌

(一)

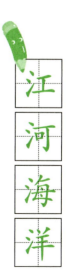

gōng zì yù shuǐ　　kàn jiàn dà jiāng
工 字 遇 水，看 见 大 江；

kě zì yù shuǐ　　hé shuǐ shàng zhǎng
可 字 遇 水，河 水 上 涨；

měi zì yù shuǐ　　lái dào shàng hǎi
每 字 遇 水，来 到 上 海；

yáng zì yù shuǐ　　kàn jiàn dà yáng
羊 字 遇 水，看 见 大 洋。

江
河
海
洋

75

（二）

汪　王字遇水，一片汪洋；

泪　目字遇水，眼泪汪汪；

波　皮字遇水，碧波荡漾；

浪　良字遇水，掀起巨浪。

（三）

汗　干字遇水，流下热汗；

洗　先字遇水，洗手洗脸；

消　肖字遇水，大雾消散；

滔　舀字遇水，波浪滔天。

（四）

lì zì yù shuǐ　　xiǎo xīn kū qì
立 字 遇 水 ，小 心 哭 泣 ；

dì zì yù shuǐ　　liú xià bí tì
弟 字 遇 水 ，流 下 鼻 涕 ；

yě zì yù shuǐ　　liú jìn shuǐ chí
也 字 遇 水 ，流 进 水 池 ；

shí zì yù shuǐ　　biàn chéng mò zhī
十 字 遇 水 ，变 成 墨 汁 。

泣
涕
池
汁

（五）

yǒu zì yù shuǐ　　biàn chéng bái jiǔ
酉 字 遇 水 ，变 成 白 酒 ；

yóu zì yù shuǐ　　biàn chéng cài yóu
由 字 遇 水 ，变 成 菜 油 ；

gōu zì yù shuǐ　　kuà guò shuǐ gōu
勾 字 遇 水 ，跨 过 水 沟 ；

liú zì yù shuǐ　　qiāo qiāo liū zǒu
留 字 遇 水 ，悄 悄 溜 走 。

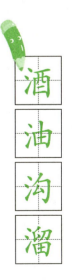

酒
油
沟
溜

（六）

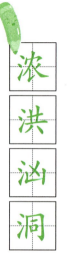

浓
洪
汹
洞

农字遇水，颜色变浓；

共字遇水，看见山洪；

凶字遇水，气势汹汹；

同字遇水，流进山洞。

（七）

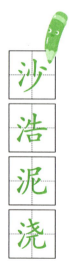

沙
浩
泥
浇

少字遇水，冲走河沙；

告字遇水，声势浩大；

尼字遇水，去玩泥巴；

尧字遇水，用水浇花。

（八）

zhǔ zì yù shuǐ　　zhù yì guān chá
主 字 遇 水 ，注 意 观 察 ；

qù zì yù shuǐ　　xiǎng chū bàn fǎ
去 字 遇 水 ，想 出 办 法 ；

shàng zì yù shuǐ　　hàn shuǐ tǎng xià
尚 字 遇 水 ，汗 水 淌 下 ；

bāo zì yù shuǐ　　shāo shuǐ pào chá
包 字 遇 水 ，烧 水 泡 茶 。

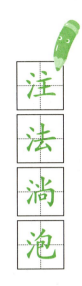

注　法　淌　泡

（九）

qīng zì yù shuǐ　　qīng qīng jìng jìng
青 字 遇 水 ，清 清 净 净 ；

jí zì yù shuǐ　　biàn de jié jìng
吉 字 遇 水 ，变 得 洁 净 ；

jūn zì yù shuǐ　　qīng shuǐ biàn hún
军 字 遇 水 ，清 水 变 浑 ；

xiǎn zì yù shuǐ　　pào shī quán shēn
显 字 遇 水 ，泡 湿 全 身 。

清　洁　浑　湿

（十）

污
湖
泊
渡

kuī zì yù shuǐ　　shòu dào wū rǎn
亏 字 遇 水 ， 受 到 污 染 ；

hú zì yù shuǐ　　lái dào hú biān
胡 字 遇 水 ， 来 到 湖 边 ；

bái zì yù shuǐ　　tíng bó lún chuán
白 字 遇 水 ， 停 泊 轮 船 ；

dù zì yù shuǐ　　dēng shàng dù chuán
度 字 遇 水 ， 登 上 渡 船 。

（十一）

混
淡
泛
漫

kūn zì yù shuǐ　　yí piàn hùn luàn
昆 字 遇 水 ， 一 片 混 乱 ；

yán zì yù shuǐ　　biàn de lěng dàn
炎 字 遇 水 ， 变 得 冷 淡 ；

fá zì yù shuǐ　　ài hào guǎng fàn
乏 字 遇 水 ， 爱 好 广 泛 ；

màn zì yù shuǐ　　biàn de làng màn
曼 字 遇 水 ， 变 得 浪 漫 。

㉑ 忄

甲　金　篆　隶　楷

★ 竖心旁的字和心理活动、情绪、思想情感等有关。

yǒu xīn gē
有 心 歌

（一）

dǒng zì yǒu xīn　　xiào shùn dǒng shì
董 字 有 心 ， 孝 顺 懂 事 ；

diàn zì yǒu xīn　　cháng cháng diàn jì
店 字 有 心 ， 常 常 惦 记 ；

jù zì yǒu xīn　　xīn cún wèi jù
具 字 有 心 ， 心 存 畏 惧 ；

xī zì yǒu xīn　　ài xī liáng shi
昔 字 有 心 ， 爱 惜 粮 食 。

懂
惦
惧
惜

（二）

怜

令字有心，十分可怜；
lìng zì yǒu xīn，shí fēn kě lián

怀

不字有心，产生怀疑；
bù zì yǒu xīn，chǎn shēng huái yí

惊

京字有心，感到惊奇；
jīng zì yǒu xīn，gǎn dào jīng qí

忧

尤字有心，心中忧虑。
yóu zì yǒu xīn，xīn zhōng yōu lǜ

（三）

性

生字有心，性格开朗；
shēng zì yǒu xīn，xìng gé kāi lǎng

情

青字有心，弄清情况；
qīng zì yǒu xīn，nòng qīng qíng kuàng

慌

荒字有心，一点不慌；
huāng zì yǒu xīn，yì diǎn bù huāng

悄

肖字有心，悄悄帮忙。
xiāo zì yǒu xīn，qiāo qiāo bāng máng

（四）

wáng zì yǒu xīn，gōng zuò máng lù
亡字有心，工作忙碌；

bù zì yǒu xīn，gǎn dào kǒng bù
布字有心，感到恐怖；

wú zì yǒu xīn，hěn kuài xǐng wù
吾字有心，很快醒悟；

gěn zì yǒu xīn，chóu hèn xiāo chú
艮字有心，仇恨消除。

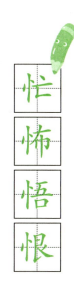

忙 怖 悟 恨

（五）

zhēn zì yǒu xīn，jǐn shèn xíng shì
真字有心，谨慎行事；

shèng zì yǒu xīn，fā xiàn guài shì
圣字有心，发现怪事；

hé zì yǒu xīn，qià hǎo fàng xué
合字有心，恰好放学；

duì zì yǒu xīn，xīn qíng xǐ yuè
兑字有心，心情喜悦。

慎 怪 恰 悦

甲　金　篆　隶　楷

★ 绞丝旁的字，一般和蚕丝、线、纺织等有关，有些也和颜色有关。"纟"由"糸"演变而来，"糸"读作"mì"。

luàn jiǎo sī　　bìng bú luàn
乱 绞 丝 ，并 不 乱，

hǎo xiàng yì tiáo má huā biàn
好 像 一 条 麻 花 辫 。

zì bǎo bao　　lái zā biàn
字 宝 宝 ，来 扎 辫，

zā shàng biàn zi zhēn hǎo kàn
扎 上 辫 子 真 好 看 。

扎辫歌
zā biàn gē

（一）

shǎo zì zā biàn zi　　shàng jiē mǎi mián shā
少字扎辫子，上街买棉纱；　　纱

fāng zì zā biàn zi　　xué huì fǎng mián huā
方字扎辫子，学会纺棉花；　　纺

huì zì zā biàn zi　　xué xí huì tú huà
会字扎辫子，学习绘图画；　　绘

xiù zì zā biàn zi　　tiān tiān xué xiù huā
秀字扎辫子，天天学绣花。　　绣

（二）

jí zì zā biàn zi　　shēng rù èr nián jí
及字扎辫子，升入二年级；　　级

shì zì zā biàn zi　　tiān tiān kàn bào zhǐ
氏字扎辫子，天天看报纸；　　纸

jǐ zì zā biàn zi　　shàng kè shǒu jì lǜ
己字扎辫子，上课守纪律；　　纪

zé zì zā biàn zi　　qǔ dé hǎo chéng jì
责字扎辫子，取得好成绩。　　绩

（三）

组	且字扎辫子，组织看展览；
经	圣字扎辫子，经过家门前；
纷	分字扎辫子，纷纷来参观；
终	冬字扎辫子，终于参观完。

组 qiě 且字 zì zā biàn zi 扎辫子，zǔ zhī 组织 kàn zhǎn lǎn 看展览；

经 jīng 圣字 zì zā biàn zi 扎辫子，jīng guò jiā mén qián 经过家门前；

纷 fēn 分字 zì zā biàn zi 扎辫子，fēn fēn lái cān guān 纷纷来参观；

终 dōng 冬字 zì zā biàn zi 扎辫子，zhōng yú cān guān wán 终于参观完。

（四）

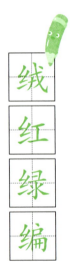

绒	戎字扎辫，买来绒线；
红	工字扎辫，买来红线；
绿	录字扎辫，买来绿线；
编	扁字扎辫，编织毛线。

绒 róng 戎字 zì zā biàn 扎辫，mǎi lái róng xiàn 买来绒线；

红 gōng 工字 zì zā biàn 扎辫，mǎi lái hóng xiàn 买来红线；

绿 lù 录字 zì zā biàn 扎辫，mǎi lái lù xiàn 买来绿线；

编 biǎn 扁字 zì zā biàn 扎辫，biān zhī máo xiàn 编织毛线。

㉓

甲　金　篆　隶　楷

★ 反犬旁的字和狗或其他动物等有关。

yǎng quǎn gē
养犬歌

（一）

chóng zì yǎng quǎn　　dú lái dú wǎng
虫字养犬，独来独往；

xī zì yǎng quǎn　　káng zhe liè qiāng
昔字养犬，扛着猎枪；

mèng zì yǎng quǎn　　xiōng měng wú bǐ
孟字养犬，凶猛无比；

wáng zì yǎng quǎn　　biàn de xiōng kuáng
王字养犬，变得凶狂。

独
猎
猛
狂

（二）

| 猫 |
| 狗 |
| 猴 |
| 狸 |

miáo zì yǎng quǎn biàn chéng xiǎo māo
苗 字 养 犬 ， 变 成 小 猫 ；

jù zì yǎng quǎn tīng jiàn gǒu jiào
句 字 养 犬 ， 听 见 狗 叫 ；

hóu zì yǎng quǎn xiǎo hóu lái shuǎ
侯 字 养 犬 ， 小 猴 来 耍 ；

lǐ zì yǎng quǎn biàn chéng hú li
里 字 养 犬 ， 变 成 狐 狸 。

（三）

| 猜 |
| 犹 |
| 狭 |
| 狡 |

qīng zì yǎng quǎn lái cāi mí yǔ
青 字 养 犬 ， 来 猜 谜 语 ；

yóu zì yǎng quǎn xǐ huan yóu yù
尤 字 养 犬 ， 喜 欢 犹 豫 ；

jiā zì yǎng quǎn xiá lù xiāng féng
夹 字 养 犬 ， 狭 路 相 逢 ；

jiāo zì yǎng quǎn shí fēn jiǎo huá
交 字 养 犬 ， 十 分 狡 猾 。

㉔

甲　金　篆　隶　楷

★ 食字旁的字，一般和食物以及吃的意思等有关。

yǒu shí gē
有食歌

（一）

fǎn zì yǒu liáng shí　　yòng lái zuò mǐ fàn 反 字 有 粮 食 ， 用 来 做 米 饭 ；	饭
wǒ zì yǒu liáng shí　　cóng cǐ è bu zháo 我 字 有 粮 食 ， 从 此 饿 不 着 ；	饿
guān zì yǒu liáng shí　　yòng cān jìn fàn guǎn 官 字 有 粮 食 ， 用 餐 进 饭 馆 ；	馆
bìng zì yǒu liáng shí　　yòng lái zuò bǐng gān 并 字 有 粮 食 ， 用 来 做 饼 干 。	饼

（二）

饱	bāo zì yǒu liáng shi　　dùn dùn chī de bǎo 包字有粮食，顿顿吃得饱；
饺	jiāo zì yǒu liáng shi　　yòng lái zuò shuǐ jiǎo 交字有粮食，用来做水饺；
饮	qiàn zì yǒu liáng shi　　yòng lái zuò yǐn liào 欠字有粮食，用来做饮料；
饲	sī zì yǒu liáng shi　　yòng lái zuò sì liào 司字有粮食，用来做饲料。

甲　金　篆　隶　楷

★ 女字旁的字，大多数和女性、婚姻、姓氏等有关。

见女歌
jiàn nǚ gē

（一）

qiě zì jiàn nǚ hái	jiě jie zǒu guò lái			姐
且 字 见 女 孩，	姐 姐 走 过 来；			
wèi zì jiàn nǚ hái	mèi mei zǒu guò lái			妹
未 字 见 女 孩，	妹 妹 走 过 来；			
mǎ zì jiàn nǚ shì	mā ma zǒu guò lái			妈
马 字 见 女 士，	妈 妈 走 过 来；			
nǎi zì jiàn nǚ shì	shì wèi lǎo nǎi nai			奶
乃 字 见 女 士，	是 位 老 奶 奶。			

91

（二）

娃	guī zì jiàn nǚ hái　nǚ hái shì wá wa 圭字见女孩，女孩是娃娃；
如	kǒu zì jiàn nǚ hái　nǚ hái rú xiān huā 口字见女孩，女孩如鲜花；
她	yě zì jiàn nǚ hái　nǚ hái jiù shì tā 也字见女孩，女孩就是她；
妒	hù zì jiàn nǚ hái　bù shēng jì dù xīn 户字见女孩，不生忌妒心。

（三）

好	zǐ zì jiàn nǚ shì　tài dù hěn yǒu hǎo 子字见女士，态度很友好；
妙	shǎo zì jiàn nǚ shì　shēng yīn hěn měi miào 少字见女士，声音很美妙；
姥	lǎo zì jiàn nǚ shì　nǚ shì shì lǎo lao 老字见女士，女士是姥姥；
嫂	sǒu zì jiàn nǚ shì　nǚ shì shì sǎo sao 叟字见女士，女士是嫂嫂。

（四）

gǔ zì jiàn nǚ shì gū gu zǒu guò lái
古字见女士，姑姑走过来；

liáng zì jiàn nǚ shì dà niáng zǒu guò lái
良字见女士，大娘走过来；

shěn zì jiàn nǚ shì shěn zi zǒu guò lái
审字见女士，婶子走过来；

yí zì jiàn nǚ shì yí mā zǒu guò lái
夷字见女士，姨妈走过来。

姑
娘
婶
姨

（五）

shēng zì jiàn nǚ shì jiàn miàn wèn xìng míng
生字见女士，见面问姓名；

mǒu zì jiàn nǚ shì nǚ shì shì méi ren
某字见女士，女士是媒人；

hūn zì jiàn nǚ shì nǚ shì yǐ jié hūn
昏字见女士，女士已结婚；

jiā zì jiàn nǚ shì nǚ shì yǐ jià rén
家字见女士，女士已嫁人。

姓
媒
婚
嫁

93

26

马

甲　金　篆　隶　楷

★ 马字旁的字，一般和马或马的动作、马的同类等有关。

养马歌
yǎng mǎ gē

（一）

驴	hù zì yǎng mǎ，jiā yǒu lǘ zi 户 字 养 马 ，家 有 驴 子 ；
骡	lèi zì yǎng mǎ，biàn chéng luó zi 累 字 养 马 ，变 成 骡 子 ；
驰	yě zì yǎng mǎ，mǎ ér bēn chí 也 字 养 马 ，马 儿 奔 驰 ；
骗	biǎn zì yǎng mǎ，shì gè piàn zi 扁 字 养 马 ，是 个 骗 子 。

（二）

jù zì yǎng pǐ mǎ shēng xià xiǎo mǎ jū
句 字 养 匹 马 ， 生 下 小 马 驹 ；

shǐ zì yǎng pǐ mǎ zhèng zài xué jià shǐ
史 字 养 匹 马 ， 正 在 学 驾 驶 ；

qí zì yǎng pǐ mǎ tiān tiān bǎ mǎ qí
奇 字 养 匹 马 ， 天 天 把 马 骑 ；

zhǔ zì yǎng pǐ mǎ qí mǎ dào zhù dì
主 字 养 匹 马 ， 骑 马 到 驻 地 。

驹
驶
骑
驻

（三）

dà zì yǎng mǎ tuó yùn yú liáng
大 字 养 马 ， 驮 运 余 粮 ；

chuān zì yǎng mǎ mǎ ér xùn liáng
川 字 养 马 ， 马 儿 驯 良 ；

qū zì yǎng mǎ qū gǎn chái láng
区 字 养 马 ， 驱 赶 豺 狼 ；

qiān zì yǎng mǎ shí yàn dé jiǎng
佥 字 养 马 ， 实 验 得 奖 。

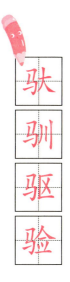

驮
驯
驱
验

95

★ 单人旁的字，大多数和人或人的动作有关。

遇人歌
yù rén gē

（一）

你	ěr zì yù jiàn rén zhè rén jiù shì nǐ 尔 字 遇 见 人 ， 这 人 就 是 你 ；
仪	yì zì yù jiàn rén gěi rén sòng yí qì 义 字 遇 见 人 ， 给 人 送 仪 器 ；
休	mù zì yù jiàn rén zhè rén zài xiū xi 木 字 遇 见 人 ， 这 人 在 休 息 ；
做	gù zì yù jiàn rén zhè rén zài zuò shì 故 字 遇 见 人 ， 这 人 在 做 事 。

（二）

bái zì yù jiàn rén　　zhè rén shì dà bó
白 字 遇 见 人 ， 这 人 是 大 伯 ；

| 伯 |

zhà zì yù jiàn rén　　zhè rén zài gōng zuò
乍 字 遇 见 人 ， 这 人 在 工 作 ；

| 作 |

huǒ zì yù jiàn rén　　zhè rén shì tóng huǒ
火 字 遇 见 人 ， 这 人 是 同 伙 ；

| 伙 |

kě zì yù jiàn rén　　zhè rén běn xìng hé
可 字 遇 见 人 ， 这 人 本 姓 何 。

| 何 |

（三）

bàn zì yù jiàn rén　　zhè rén shì tóng bàn
半 字 遇 见 人 ， 这 人 是 同 伴 ；

| 伴 |

zhuān zì yù jiàn rén　　qǐng rén bǎ huà chuán
专 字 遇 见 人 ， 请 人 把 话 传 ；

| 传 |

cùn zì yù jiàn rén　　zhè rén qù fù kuǎn
寸 字 遇 见 人 ， 这 人 去 付 款 ；

| 付 |

shān zì yù jiàn rén　　zhè rén sài shén xiān
山 字 遇 见 人 ， 这 人 赛 神 仙 。

| 仙 |

（四）

他	yě zì yù jiàn rén， zhè rén jiù shì tā 也 字 遇 见 人， 这 人 就 是 他；
伟	wéi zì yù jiàn rén， zhè rén hěn wěi dà 韦 字 遇 见 人， 这 人 很 伟 大；
住	zhǔ zì yù jiàn rén， zhè rén zhù dà shà 主 字 遇 见 人， 这 人 住 大 厦；
估	gǔ zì yù jiàn rén， zhè rén huì gū jià 古 字 遇 见 人， 这 人 会 估 价。

（五）

们	mén zì yù jiàn rén， tā men lái huān yíng 门 字 遇 见 人， 他 们 来 欢 迎；
伸	shēn zì yù jiàn rén， bǎ shǒu shēn le shēn 申 字 遇 见 人， 把 手 伸 了 伸；
信	yán zì yù jiàn rén， gěi rén fā duǎn xìn 言 字 遇 见 人， 给 人 发 短 信；
仁	èr zì yù jiàn rén， qǐng rén chī táo rén 二 字 遇 见 人， 请 人 吃 桃 仁。

（六）

dāi zì yù jiàn rén gěi rén dāng bǎo ān
呆 字 遇 见 人 ， 给 人 当 保 安 ；　保

gèng zì yù jiàn rén bàn shì hěn fāng biàn
更 字 遇 见 人 ， 办 事 很 方 便 ；　便

biǎn zì yù jiàn rén zhè rén bǎ tóu piān
扁 字 遇 见 人 ， 这 人 把 头 偏 ；　偏

juàn zì yù jiàn rén zhè rén hěn pí juàn
卷 字 遇 见 人 ， 这 人 很 疲 倦 。　倦

（七）

běn zì yù jiàn rén zhè rén shēn tǐ hǎo
本 字 遇 见 人 ， 这 人 身 体 好 ；　体

qiáo zì yù jiàn rén zhè rén shì huá qiáo
乔 字 遇 见 人 ， 这 人 是 华 侨 ；　侨

xiāo zì yù jiàn rén zhǎng de hěn jùn qiào
肖 字 遇 见 人 ， 长 得 很 俊 俏 ；　俏

yī zì yù jiàn rén zuò rén yǒu yī kào
衣 字 遇 见 人 ， 做 人 有 依 靠 。　依

（八）

位	lì zì yù jiàn rén，gěi rén ràng zuò wèi 立字遇见人，给人让座位；
伪	wèi zì yù jiàn rén，zhè rén bù xū wèi 为字遇见人，这人不虚伪；
化	qī zì yù jiàn rén，ràng rén mǎi huà féi 七字遇见人，让人买化肥；
优	yóu zì yù jiàn rén，jià gé hěn yōu huì 尤字遇见人，价格很优惠。

（九）

使	lì zì yù jiàn rén，zhè rén shì dà shǐ 吏字遇见人，这人是大使；
倡	chāng zì yù jiàn rén，gěi rén fā chàng yì 昌字遇见人，给人发倡议；
侈	duō zì yù jiàn rén，shēng huó bié shē chǐ 多字遇见人，生活别奢侈；
借	xī zì yù jiàn rén，xiàng rén jiè dōng xi 昔字遇见人，向人借东西。

（十）

niú zì yù jiàn rén　　zhè rén tiáo jiàn hǎo
牛 字 遇 见 人 ，这 人 条 件 好 ；

gòng zì yù jiàn rén　　tiān tiān gǎo gōng xiāo
共 字 遇 见 人 ，天 天 搞 供 销 ；

jiè zì yù jiàn rén　　jià qián hěn gōng dao
介 字 遇 见 人 ，价 钱 很 公 道 ；

yòng zì yù jiàn rén　　yòng jīn zhēn bù shǎo
用 字 遇 见 人 ，佣 金 真 不 少 。

件　供　价　佣

（十一）

gē zì yù jiàn rén　　zhè rén qù fá mù
戈 字 遇 见 人 ，这 人 去 伐 木 ；

zú zì yù jiàn rén　　shí jiān hěn cāng cù
足 字 遇 见 人 ，时 间 很 仓 促 ；

quǎn zì yù jiàn rén　　yǒu rén dǎ mái fú
犬 字 遇 见 人 ，有 人 打 埋 伏 ；

gǔ zì yù jiàn rén　　shuō huà hěn tōng sú
谷 字 遇 见 人 ，说 话 很 通 俗 。

伐　促　伏　俗

甲　金　篆　隶　楷

★ 左耳旁的字和山、阶梯等有关。左耳旁是"阜"做左偏旁而来。"阜"读作"fù"。

zuǒ ěr gē
左耳歌

（一）

阳
阴
院
阻

ěr zài rì qián　　　yáng guāng càn làn
耳在日前，阳光灿烂；

ěr zài yuè qián　　tiān sè yīn àn
耳在月前，天色阴暗；

ěr zài wán qián　　dǎ sǎo tíng yuàn
耳在完前，打扫庭院；

ěr zài qiě qián　　shòu dào zǔ lán
耳在且前，受到阻拦。

（二）

示 前 有 耳 ，无 边 无 际 ；
shì qián yǒu ěr，wú biān wú jì

击 前 有 耳 ，变 成 陆 地 ；
jī qián yǒu ěr，biàn chéng lù dì

余 前 有 耳 ，清 除 垃 圾 ；
yú qián yǒu ěr，qīng chú lā jī

员 前 有 耳 ，天 降 陨 石 。
yuán qián yǒu ěr，tiān jiàng yǔn shí

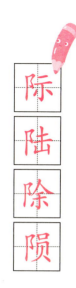

际 陆 除 陨

（三）

介 字 有 耳 ，踏 上 阶 梯 ；
jiè zì yǒu ěr，tà shàng jiē tī

人 字 有 耳 ，高 举 队 旗 ；
rén zì yǒu ěr，gāo jǔ duì qí

可 字 有 耳 ，遇 见 阿 姨 ；
kě zì yǒu ěr，yù jiàn ā yí

车 字 有 耳 ，阵 阵 大 雨 。
chē zì yǒu ěr，zhèn zhèn dà yǔ

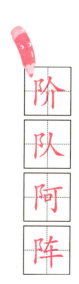

阶 队 阿 阵

29

甲　金　篆　隶　楷

★ 言字旁的字，一般和说话、作诗文等有关。"言"做左偏旁时写作"讠"。

yán zì páng　　shì yǔ yán
言 字 旁 ， 是 语 言 ，

zì bǎo bao　　lái fā yán
字 宝 宝 ， 来 发 言 。

nǐ fā yán　　wǒ fā yán
你 发 言 ， 我 发 言 ，

xīn lǐ huà ér màn màn tán
心 里 话 儿 慢 慢 谈 。

发言歌
fā yán gē

（一）

guǒ zì lái fā yán，kè běn ná shǒu lǐ；
果字来发言，课本拿手里；

zhī zì lái fā yán，jiǎng le xīn zhī shi；
只字来发言，讲了新知识；

jǐ zì lái fā yán，dà jiā jì bǐ jì；
己字来发言，大家记笔记；

mí zì lái fā yán，kuài lái cāi mí yǔ。
迷字来发言，快来猜谜语。

| 课 |
| 识 |
| 记 |
| 谜 |

（二）

yán zì lái fā yán，suí biàn tán yi tán；
炎字来发言，随便谈一谈；

chuān zì lái fā yán，jiàn yì duō xùn liàn；
川字来发言，建议多训练；

dīng zì lái fā yán，jī jí dìng bào kān；
丁字来发言，积极订报刊；

shí zì lái fā yán，jì suàn duō shao qián。
十字来发言，计算多少钱。

| 谈 |
| 训 |
| 订 |
| 计 |

（三）

话	shé zì lái fā yán，hěn huì jiǎng xiào huà 舌 字 来 发 言 ，很 会 讲 笑 话 ；
请	qīng zì lái fā yán，qǐng rén dào bēi chá 青 字 来 发 言 ，请 人 倒 杯 茶 ；
调	zhōu zì lái fā yán，xiàn chǎng zuò diào chá 周 字 来 发 言 ，现 场 做 调 查 ；
说	duì zì lái fā yán，méi yǒu shuō dà huà 兑 字 来 发 言 ，没 有 说 大 话 。

（四）

试	shì zì fā yán，tōng zhī kǎo shì 式 字 发 言 ，通 知 考 试 ；
读	mài zì fā yán，lǎng dú bào zhǐ 卖 字 发 言 ，朗 读 报 纸 ；
词	sī zì fā yán，yǐn yòng gē cí 司 字 发 言 ，引 用 歌 词 ；
诗	sì zì fā yán，bèi sòng gǔ shī 寺 字 发 言 ，背 诵 古 诗 。

（五）

jǐng zì lái fā yán，jiǎng gǎo fàng zhuō shàng
井字来发言，讲稿放桌上；

shàng zì lái fā yán，qǐng qiú ràng yi ràng
上字来发言，请求让一让；

jīng zì lái fā yán，mǎ shàng jiù yuán liàng
京字来发言，马上就原谅；

huāng zì lái fā yán，cóng lái bù shuō huǎng
荒字来发言，从来不说谎。

讲 让 谅 谎

（六）

rén zì lái fā yán，jiǎng de hěn rèn zhēn
人字来发言，讲得很认真；

wú zì lái fā yán，yǔ yán hěn wén míng
吾字来发言，语言很文明；

shè zì lái fā yán，gǎn xiè xiāng qīn men
射字来发言，感谢乡亲们；

chéng zì lái fā yán，huà yǔ hěn zhēn chéng
成字来发言，话语很真诚。

认 语 谢 诚

107

（七）

讨 议 详 讽

cùn zì fā yán   tǎo lùn wèn tí
寸 字 发 言 ， 讨 论 问 题 ；

yì zì fā yán   tí chū jiàn yì
义 字 发 言 ， 提 出 建 议 ；

yáng zì fā yán   jiǎng de xiáng xì
羊 字 发 言 ， 讲 得 详 细 ；

fēng zì fā yán   jué bù fěng cì
风 字 发 言 ， 绝 不 讽 刺 。

（八）

谋 评 论 证

mǒu zì lái fā yán   móu huà dà shì qing
某 字 来 发 言 ， 谋 划 大 事 情 ；

píng zì lái fā yán   kāi kǒu jiù pī píng
平 字 来 发 言 ， 开 口 就 批 评 ；

lún zì lái fā yán   kāi chǎng biàn lùn huì
仑 字 来 发 言 ， 开 场 辩 论 会 ；

zhèng zì lái fā yán   xiě hǎo zhèng míng xìn
正 字 来 发 言 ， 写 好 证 明 信 。

甲　金　篆　楷

★ 火字旁的字，大多数和火、光、热等意思有关。

遇火歌
yù huǒ gē

（一）

| rán | zì | yù | jiàn | huǒ | chái | huo | jiù | diǎn | rán |
| 然 | 字 | 遇 | 见 | 火 | ， | 柴 火 | 就 | 点 | 燃 | ； |

燃

| dīng | zì | yù | jiàn | huǒ | yóu | dēng | jiù | diǎn | rán |
| 丁 | 字 | 遇 | 见 | 火 | ， | 油 灯 | 就 | 点 | 燃 | ； |

灯

| hù | zì | yù | jiàn | huǒ | lú | zi | jiù | diǎn | rán |
| 户 | 字 | 遇 | 见 | 火 | ， | 炉 子 | 就 | 点 | 燃 | ； |

炉

| chóng | zì | yù | jiàn | huǒ | là | zhú | jiù | diǎn | rán |
| 虫 | 字 | 遇 | 见 | 火 | ， | 蜡 烛 | 就 | 点 | 燃 | 。 |

烛

（二）

烟　因字遇见火，烟花就点燃；
yīn zì yù jiàn huǒ yān huā jiù diǎn rán

炬　巨字遇见火，火炬就点燃；
jù zì yù jiàn huǒ huǒ jù jiù diǎn rán

炮　包字遇见火，鞭炮就点燃；
bāo zì yù jiàn huǒ biān pào jiù diǎn rán

炊　欠字遇见火，家家冒炊烟。
qiàn zì yù jiàn huǒ jiā jiā mào chuī yān

（三）

灿　山字遇见火，山上金灿灿；
shān zì yù jiàn huǒ shān shàng jīn càn càn

烂　兰字遇见火，衣服就烧烂；
lán zì yù jiàn huǒ yī fu jiù shāo làn

炒　少字遇见火，生火炒鸡蛋；
shǎo zì yù jiàn huǒ shēng huǒ chǎo jī dàn

烦　页字遇见火，那就很麻烦。
yè zì yù jiàn huǒ nà jiù hěn má fan

（四）

kǎo zì yù jiàn huǒ　zhèng hǎo kǎo yī shang
考字遇见火，正好烤衣裳；

tún zì yù jiàn huǒ　zhèng hǎo dùn jī tāng
屯字遇见火，正好炖鸡汤；

kàng zì yù jiàn huǒ　lì mǎ pá shàng kàng
亢字遇见火，立马爬上炕；

huáng zì yù jiàn huǒ　wèi lái gèng huī huáng
皇字遇见火，未来更辉煌。

烤
炖
炕
煌

（五）

tǔ zì yù jiàn huǒ　diǎn rán rán qì zào
土字遇见火，点燃燃气灶；

yáo zì yù jiàn huǒ　mǎ shàng jiù rán shāo
尧字遇见火，马上就燃烧；

zhà zì yù jiàn huǒ　kāi huǒ zhá yóu tiáo
乍字遇见火，开火炸油条；

xī zì yù jiàn huǒ　dà huǒ xī miè le
息字遇见火，大火熄灭了。

灶
烧
炸
熄

31 牛

甲　金　篆　隶　楷

★ 牛字旁的字和牛或其他兽类有关。

<ruby>养<rt>yǎng</rt></ruby> <ruby>牛<rt>niú</rt></ruby> <ruby>歌<rt>gē</rt></ruby>

（一）

牦
牯
犊
牤

<ruby>毛<rt>máo</rt></ruby> <ruby>字<rt>zì</rt></ruby> <ruby>养<rt>yǎng</rt></ruby> <ruby>牛<rt>niú</rt></ruby>，<ruby>养<rt>yǎng</rt></ruby> <ruby>头<rt>tóu</rt></ruby> <ruby>牦<rt>máo</rt></ruby> <ruby>牛<rt>niú</rt></ruby>；

<ruby>古<rt>gǔ</rt></ruby> <ruby>字<rt>zì</rt></ruby> <ruby>养<rt>yǎng</rt></ruby> <ruby>牛<rt>niú</rt></ruby>，<ruby>养<rt>yǎng</rt></ruby> <ruby>头<rt>tóu</rt></ruby> <ruby>牯<rt>gǔ</rt></ruby> <ruby>牛<rt>niú</rt></ruby>；

<ruby>卖<rt>mài</rt></ruby> <ruby>字<rt>zì</rt></ruby> <ruby>养<rt>yǎng</rt></ruby> <ruby>牛<rt>niú</rt></ruby>，<ruby>养<rt>yǎng</rt></ruby> <ruby>头<rt>tóu</rt></ruby> <ruby>牛<rt>niú</rt></ruby> <ruby>犊<rt>dú</rt></ruby>；

<ruby>亡<rt>wáng</rt></ruby> <ruby>字<rt>zì</rt></ruby> <ruby>养<rt>yǎng</rt></ruby> <ruby>牛<rt>niú</rt></ruby>，<ruby>养<rt>yǎng</rt></ruby> <ruby>头<rt>tóu</rt></ruby> <ruby>牤<rt>māng</rt></ruby> <ruby>牛<rt>niú</rt></ruby>。

（二）

反文养牛，来到牧场；
fǎn wén yǎng niú　lái dào mù chǎng

生字养牛，牲口肥壮；
shēng zì yǎng niú　shēng kou féi zhuàng

勿字养牛，万物生长；
wù zì yǎng niú　wàn wù shēng zhǎng

土字养牛，牡丹飘香。
tǔ zì yǎng niú　mǔ dan piāo xiāng

牧
牲
物
牡

113

甲　金　篆　隶　楷

★ 矢字旁的字，有的和箭有关，有的和短小、直等意思有关。

shǐ páng gē
矢 旁 歌

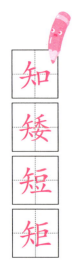

知　　kǒu zài shǐ páng　　xué xí zhī shi
口 在 矢 旁 ， 学 习 知 识 ；

矮　　wěi zài shǐ páng　　shì gè ǎi zi
委 在 矢 旁 ， 是 个 矮 子 ；

短　　dòu zài shǐ páng　　suō duǎn jù lí
豆 在 矢 旁 ， 缩 短 距 离 ；

矩　　jù zài shǐ páng　　zūn shǒu guī ju
巨 在 矢 旁 ， 遵 守 规 矩 。

甲　金　篆　隶　楷

★ 山字旁的字，大多数和山有关。

dēng shān gē
登山歌

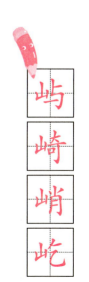

与字登山，登上岛屿；

奇字登山，山路崎岖；

肖字登山，登上峭壁；

乞字登山，屹立山巅。

屿
崎
峭
屹

115

歹 | 甲 | 金 | 篆 | 隶 | 楷

★ 歹字旁的字，大多数和死亡、杀戮、祸殃等意思有关。

遇歹徒歌
yù dǎi tú gē

（一）

	qiān zì yù dǎi tú shí shī wéi jiān
歼	千字遇歹徒，实施围歼；
殊	朱字遇歹徒，殊死作战；
殉	旬字遇歹徒，不幸殉难；
殓	金字遇歹徒，遗体入殓。

（二）

ヒ字遇歹徒，不幸死亡；
bǐ zì yù dǎi tú， bú xìng sǐ wáng

央字遇歹徒，不幸遭殃；
yāng zì yù dǎi tú， bú xìng zāo yāng

员字遇歹徒，不幸殒命；
yuán zì yù dǎi tú， bú xìng yǔn mìng

宾字遇歹徒，出殡安葬。
bīn zì yù dǎi tú， chū bìn ān zàng

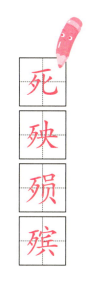

死
殃
殒
殡

扫码获取
· 看视频
· 听儿歌
· 笔顺动画
· 拓展学习

117

甲　金　篆　隶　楷

★ "方"做左旁部首是偏旁"方"（yǎn，旗帜的意思），后来被分成两个部件，习惯写作"方"，但在构字中，还是在一起。

有方歌
yǒu fāng gē

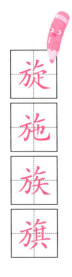

pǐ rén yǒu fāng　　tiān xuán dì zhuàn
疋*人 有 方 ，天 旋 地 转 ；

yě rén yǒu fāng　　cuò shī qià dàng
也 人 有 方 ，措 施 恰 当 ；

shǐ rén yǒu fāng　　mín zú xīng wàng
矢 人 有 方 ，民 族 兴 旺 ；

qí rén yǒu fāng　　qí zhì piāo yáng
其 人 有 方 ，旗 帜 飘 扬 。

———————————
*"疋"同"匹"。

36

甲　篆　楷

★ 片字旁的字，一般和剖开、薄而扁等意思有关。

lián piàn gē
连 片 歌

fǎn zì lián piàn　　chū bǎn tú shū
反 字 连 片 ， 出 版 图 书 ；

mài zì lián piàn　　lián piān lěi dú
卖 字 连 片 ， 连 篇 累 牍 ；

bēi zì lián piàn　　dǎ pái zǒng shū
卑 字 连 片 ， 打 牌 总 输 ；

shì mù lián piàn　　tōng dié fā chū
世 木 连 片 ， 通 牒 发 出 。

版
牍
牌
牒

★ 齿字旁的字和牙齿、年龄有关。

zhǎng chǐ gē
长齿歌

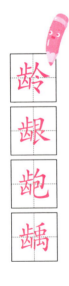

lìng zì zhǎng chǐ　　yòu zēng nián líng
令字长齿，又增年龄；

gěn zì zhǎng chǐ　　zhǎng chū yá yín
艮字长齿，长出牙龈；

bāo zì zhǎng chǐ　　zhǎng chū bāo yá
包字长齿，长出龅牙；

yǔ zì zhǎng chǐ　　qǔ chǐ hěn téng
禹字长齿，龋齿很疼。

甲　金　篆　隶　楷

★ 双人旁的字和道路、行走、行为等意思有关，也叫双立人。

shuāng lì rén gē
双立人歌

（一）

zhǔ zì yù shuāng rén　wǎng fǎn hǎo jǐ cì
主字遇双人，往返好几次；

zǒu zì yù shuāng rén　yuán lái shì tú dì
走字遇双人，原来是徒弟；

qiè zì yù shuāng rén　chè dǐ qīng lā jī
切字遇双人，彻底清垃圾；

sì zì yù shuāng rén　děng dài hǎo shí jī
寺字遇双人，等待好时机。

往
徒
彻
待

（二）

很　艮字遇双人，真是好得很；

彼　皮字遇双人，彼此都高兴；

循　盾字遇双人，规律要遵循；

征　正字遇双人，迈步上征程。

甲　金　篆　隶　楷

★ 舟字旁的字，一般和船、航行等意思有关。

zhōu　zì　páng　　shì　zhī　chuán
舟 字 旁 ，是 只 船，

zì　bǎo　bao　men　lái　chéng chuán
字 宝 宝 们 来 乘 船 。

nǐ　chéng chuán　　wǒ　chéng chuán
你 乘 船 ，我 乘 船，

chéng shàng chuán　ér　zhēn　hǎo　wán
乘 上 船 儿 真 好 玩 。

chéng chuán gē
乘 船 歌

（一）

舱	cāng zì shàng le chuán，chéng zuò tóu děng cāng 仓 字 上 了 船 ， 乘 坐 头 等 舱 ；
艄	xiāo zì shàng le chuán，qù bǎ shāo gōng dāng 肖 字 上 了 船 ， 去 把 艄 公 当 ；
舵	tā zì shàng le chuán，shuāng shǒu bǎ duò zhǎng 它 字 上 了 船 ， 双 手 把 舵 掌 ；
航	kàng zì shàng le chuán，jià chuán qù yuǎn háng 亢 字 上 了 船 ， 驾 船 去 远 航 。

（二）

舢	shān zì chéng chuán，chéng zuò shān bǎn 山 字 乘 船 ， 乘 坐 舢 板 ；
舰	jiàn zì chéng chuán，chéng zuò jūn jiàn 见 字 乘 船 ， 乘 坐 军 舰 ；
艇	tíng zì chéng chuán，chéng zuò yóu tǐng 廷 字 乘 船 ， 乘 坐 游 艇 ；
舷	xuán zì chéng chuán，kào zhe chuán xián 玄 字 乘 船 ， 靠 着 船 舷 。

甲　金　篆　隶　楷

⭐ 耳字旁的字，一般和耳朵、听觉等有关。

zhǎng ěr gē
长耳歌

（一）

yòu zì zhǎng ěr　　zhēng qǔ shèng lì
又 字 长 耳，争 取 胜 利；

zhī zì zhǎng ěr　　shí fēn chèn zhí
只 字 长 耳，十 分 称 职；

zhǐ zì zhǎng ěr　　làng fèi kě chǐ
止 字 长 耳，浪 费 可 耻；

huǒ zì zhǎng ěr　　wéi rén gěng zhí
火 字 长 耳，为 人 耿 直。

取
职
耻
耿

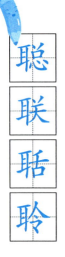

（二）

聪

zǒng	zì	zhǎng	ěr		fēi	cháng	cōng	míng
总	字	长	耳	，	非	常	聪	明	；

联

guān	zì	zhǎng	ěr		lián	xì	shì	qing
关	字	长	耳	，	联	系	事	情	；

聒

shé	zì	zhǎng	ěr		guō	zào	de	hěn
舌	字	长	耳	，	聒	噪	得	很	；

聆

lìng	zì	zhǎng	ěr		xǐ	ěr	líng	tīng
令	字	长	耳	，	洗	耳	聆	听	。

二 右（旁）部首
yòu páng bù shǒu

甲　金　篆　隶旁　楷

★ 反文旁的字，大多数和手的动作有关。"攵"由"攴"变形而来，"攴"读作"pū"。

反文歌
fǎn wén gē

gǔ zì jiàn fǎn wén　　chéng chē huí gù xiāng
古 字 见 反 文，乘 车 回 故 乡；　故

jǐ zì jiàn fǎn wén　　gù xiāng gǎi mú yàng
己 字 见 反 文，故 乡 改 模 样；　改

niú zì jiàn fǎn wén　　niú ér dào mù chǎng
牛 字 见 反 文，牛 儿 到 牧 场；　牧

fāng zì jiàn fǎn wén　　shàng shān qù fàng yáng
方 字 见 反 文，上 山 去 放 羊。　放

42

甲　金　篆　隶　楷

★ 页字边的字和人的肩部以上的部位等有关。

喜开颜

xǐ kāi yán

顶　额
颈　项
领　烦
须　顺
颜　顾

gǔ dài yè zì　　tóu bù yǒu guān
古 代 页 字 ， 头 部 有 关 。

méi qīng mù xiù　dǐng píng é kuān
眉 清 目 秀 ， 顶 平 额 宽 。

jǐng xiàng cháng cháng　lǐng dà jiān kuān
颈 项 长 长 ， 领 大 肩 宽 。

xīn qíng fán mèn　xū yào jiāo tán
心 情 烦 闷 ， 须 要 交 谈 。

huà míng qì shùn　xǐ xiào yán kāi
话 明 气 顺 ， 喜 笑 颜 开 。

xiāng hù zhào gù　xié shǒu bìng jiān
相 互 照 顾 ， 携 手 并 肩 。

43

甲　金　篆　隶　楷

★ 欠字旁的字，大多数和人张口的动作、感情表露等有关。

qiàn kuǎn gē
欠 款 歌

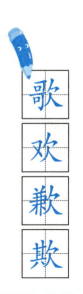

gē　zì　qiàn　kuǎn　　chàng　gē　zhèng　qián
哥 字 欠 款 ，唱 歌 挣 钱 ；

yòu　zì　qiàn　kuǎn　　hěn　bù　xǐ　huan
又 字 欠 款 ，很 不 喜 欢 ；

jiān　zì　qiàn　kuǎn　　qián　qù　dào　qiàn
兼 字 欠 款 ，前 去 道 歉 ；

qí　zì　qiàn　kuǎn　　yào　fáng　qī　piàn
其 字 欠 款 ，要 防 欺 骗 。

歌
欢
歉
欺

★ 右耳旁的字和地域、地名以及古代诸侯封国等有关。右耳旁是"邑"做右偏旁演变而来。"邑"读作"yì"。

右耳歌
（yòu ěr gē）

（一）

郊
jiāo hòu yǒu ěr，lái dào jiāo qū
交 后 有 耳，来 到 郊 区；

邻
lìng hòu yǒu ěr，bāng zhù lín jū
令 后 有 耳，帮 助 邻 居；

邮
yóu hòu yǒu ěr，yóu jì xíng li
由 后 有 耳，邮 寄 行 李；

邪
yá hòu yǒu ěr，qū sàn xié qì
牙 后 有 耳，驱 散 邪 气。

（二）

者 字 有 右 耳 ， 来 到 大 都 市 ；

关 字 有 右 耳 ， 到 达 郑 州 市 ；

良 字 有 右 耳 ， 货 郎 卖 东 西 ；

有 字 有 右 耳 ， 心 情 很 忧 郁 。

都
郑
郎
郁

45

甲　金　篆　隶　楷

★ 部首为立刀的字，大多数和刀或用刀的动作等有关。"刀"做右偏旁时写作"刂"。

lì dāo gē
立刀歌

（一）

刚	gāng zì dài lì dāo　gāng gāng qù shàng bān 冈 字 带 立 刀 ， 刚 刚 去 上 班 ；
刊	gān zì dài lì dāo　zhǔ dòng dìng bào kān 干 字 带 立 刀 ， 主 动 订 报 刊 ；
判	bàn zì dài lì dāo　bǐ sài dāng cái pàn 半 字 带 立 刀 ， 比 赛 当 裁 判 ；
剧	jū zì dài lì dāo　zǒu dào dà jù yuàn 居 字 带 立 刀 ， 走 到 大 剧 院 。

（二）

gē zì dài lì dāo　　bàn shì yǒu jì huà
戈 字 带 立 刀 ， 办 事 有 计 划 ；　　划

kāi zì dài lì dāo　　rèn zhēn xué xíng fǎ
开 字 带 立 刀 ， 认 真 学 刑 法 ；　　刑

wén zì dài lì dāo　　chuàn mén qù liú jiā
文 字 带 立 刀 ， 串 门 去 刘 家 ；　　刘

zhì zì dài lì dāo　　hěn kuài jiù dào dá
至 字 带 立 刀 ， 很 快 就 到 达 。　　到

（三）

hé zì dài lì dāo　　dāo kǒu hěn fēng lì
禾 字 带 立 刀 ， 刀 口 很 锋 利 ；　　利

xiāo zì dài lì dāo　　mā ma xiāo guǒ pí
肖 字 带 立 刀 ， 妈 妈 削 果 皮 ；　　削

dì zì dài lì dāo　　bà ba bǎ tóu tì
弟 字 带 立 刀 ， 爸 爸 把 头 剃 ；　　剃

shé zì dài lì dāo　　yé ye guā hú xū
舌 字 带 立 刀 ， 爷 爷 刮 胡 须 。　　刮

46

甲　金　篆　隶　楷

★ 鸟字边的字，一般和禽类有关。

yǎng niǎo gē
养 鸟 歌

（一）

| 鸭 |
| 鸦 |
| 鸹 |
| 鹊 |

jiǎ zì yǎng niǎo　yǎng zhī yě yā
甲 字 养 鸟 ， 养 只 野 鸭 ；

yá zì yǎng niǎo　yǎng zhī wū yā
牙 字 养 鸟 ， 养 只 乌 鸦 ；

shé zì yǎng niǎo　yǎng zhī lǎo gua
舌 字 养 鸟 ， 养 只 老 鸹 ；

xī zì yǎng niǎo　xǐ què zhǎng dà
昔 字 养 鸟 ， 喜 鹊 长 大 。

（二）

wǒ zì yǎng niǎo　　yǎng zhī tiān é
我 字 养 鸟 ， 养 只 天 鹅 ；

hé zì yǎng niǎo　　yǎng zhī bái gē
合 字 养 鸟 ， 养 只 白 鸽 ；

lì zì yǎng niǎo　　yǎng zhī huáng lí
丽 字 养 鸟 ， 养 只 黄 鹂 ；

yòu zì yǎng niǎo　　yǎng zhī yě jī
又 字 养 鸟 ， 养 只 野 鸡 。

甲　金　篆　隶　楷

★ 力字旁的字，一般和力量、功能等意思有关。

力字歌
lì zì gē

功	gōng zì yǒu néng lì tiān tiān zuò gōng kè 工 字 有 能 力 ， 天 天 做 功 课 ；
动	yún zì yǒu néng lì láo dòng yǒu chéng guǒ 云 字 有 能 力 ， 劳 动 有 成 果 ；
助	qiě zì yǒu néng lì cháng cháng bāng zhù wǒ 且 字 有 能 力 ， 常 常 帮 助 我 ；
劫	qù zì yǒu néng lì zhuān mén dǎ jié fěi 去 字 有 能 力 ， 专 门 打 劫 匪 。

甲　金　篆　隶　楷

★ 羽字旁的字和羽毛、鸟飞等有关。

长羽毛歌
zhǎng yǔ máo gē

lìng zì zhǎng yǔ máo
令 字 长 羽 毛，

líng máo zhēn piào liang
翎 毛 真 漂 亮；

zhī zì zhǎng yǔ máo
支 字 长 羽 毛，

zhǎn kāi huā chì bǎng
展 开 花 翅 膀；

yáng zì zhǎng yǔ máo
羊 字 长 羽 毛，

fēi xiáng lán tiān shàng
飞 翔 蓝 天 上；

fān zì zhǎng yǔ máo
番 字 长 羽 毛，

fān shēn qǐ le chuáng
翻 身 起 了 床。

翎
翅
翔
翻

三 上（头）部首

shàng tóu bù shǒu

甲　金　篆　隶　楷

> ★ 部首为宝盖的字，大多数表示与房屋或房屋里有关的人和事物。"宀"读作"mián"。

zì bǎo bao
字宝宝，

ài bǎo gài
爱宝盖，

bǎ tā dàng zuò mào zi dài
把它当作帽子戴。

nǐ lái dài
你来戴，

wǒ lái dài
我来戴，

dài shàng mào zi zhēn kě ài
戴上帽子真可爱。

dài mào gē
戴帽歌

（一）

ér zi dài mào zi, xué xí rèn hàn zì;
儿子戴帽子，学习认汉字；

nǚ ér dài mào zi, ān quán dào gōng dì;
女儿戴帽子，安全到工地；

xiān sheng dài mào zi, xiàn fǎ jì xīn lǐ;
先生戴帽子，宪法记心里；

lǎo tóu dài mào zi, dài rén yào chéng shí.
老头戴帽子，待人要诚实。

字 安 宪 实

（二）

gè zì dài mào, lái dào kè tīng;
各字戴帽，来到客厅；

shì bīng dài mào, yíng jiē wài bīn;
士兵戴帽，迎接外宾；

yuán shuài dài mào, rèn wu wán chéng;
元帅戴帽，任务完成；

shū shu dài mào, sì zhōu jì jìng.
叔叔戴帽，四周寂静。

客 宾 完 寂

（三）

宝

玉字戴帽，变成珍宝；
yù zì dài mào　　biàn chéng zhēn bǎo

牢

牛字戴帽，十分牢靠；
niú zì dài mào　　shí fēn láo kào

宵

肖字戴帽，大闹元宵；
xiāo zì dài mào　　dà nào yuán xiāo

灾

火字戴帽，灾害减少。
huǒ zì dài mào　　zāi hài jiǎn shǎo

（四）

室

至字戴帽子，走进教室里；
zhì zì dài mào zi　　zǒu jìn jiào shì lǐ

宋

木字戴帽子，见到宋老师；
mù zì dài mào zi　　jiàn dào sòng lǎo shī

守

寸字戴帽子，上课守纪律；
cùn zì dài mào zi　　shàng kè shǒu jì lǜ

家

豕字戴帽子，放学回家里。
shǐ zì dài mào zi　　fàng xué huí jiā lǐ

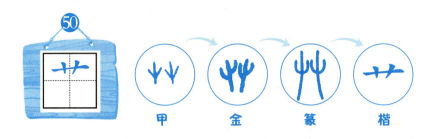

甲　金　篆　楷

★ 草字头的字，大多数和草本植物有关。

cǎo tóu hǎo xiàng qīng qīng cǎo
草 头 好 像 青 青 草 ，

zì bǎo bao men lái zhòng cǎo
字 宝 宝 们 来 种 草 。

nǐ zhòng cǎo　　wǒ zhòng cǎo
你 种 草 ， 我 种 草 ，

lǜ huà huán jìng kōng qì hǎo
绿 化 环 境 空 气 好 。

141

种草歌
zhòng cǎo gē

（一）

草	zǎo zì lái zhòng cǎo cǎo ér zhǎng de hǎo 早字来种草，草儿长得好；
茅	máo zì lái zhòng cǎo pō shàng zhǎng máo cǎo 矛字来种草，坡上长茅草；
苗	tián zì lái zhòng cǎo dì lǐ zhǎng hé miáo 田字来种草，地里长禾苗；
苞	bāo zì lái zhòng cǎo yuán lǐ jiē huā bāo 包字来种草，园里结花苞。

（二）

芽	yá zì lái zhòng cǎo dòu zi fā le yá 牙字来种草，豆子发了芽；
荚	jiā zì lái zhòng cǎo jià shàng jiē dòu jiá 夹字来种草，架上结豆荚；
芝	zhī zì lái zhòng cǎo gǎn shàng jiē zhī ma 之字来种草，秆上结芝麻；
花	huà zì lái zhòng cǎo yóu cài kāi le huā 化字来种草，油菜开了花。

（三）

míng zì lái zhòng cǎo　　cǎo ér yǐ méng yá
明 字 来 种 草 ， 草 儿 已 萌 芽 ；

lián zì lái zhòng cǎo　　lián yè yuán yòu dà
连 字 来 种 草 ， 莲 叶 圆 又 大 ；

hé zì lái zhòng cǎo　　shuǐ lǐ kāi hé huā
何 字 来 种 草 ， 水 里 开 荷 花 ；

hù zì lái zhòng cǎo　　hé àn kāi lú huā
户 字 来 种 草 ， 河 岸 开 芦 花 。

（四）

huí zì zhòng cǎo　　zhǎng chū huí xiāng
回 字 种 草 ， 长 出 茴 香 ；

fāng zì zhòng cǎo　　cǎo ér fāng xiāng
方 字 种 草 ， 草 儿 芳 香 ；

wáng zì zhòng cǎo　　zhǎng chū mài máng
亡 字 种 草 ， 长 出 麦 芒 ；

fēn zì zhòng cǎo　　cǎo ér fēn fāng
分 字 种 草 ， 草 儿 芬 芳 。

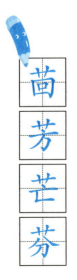

萌 莲 荷 芦

茴 芳 芒 芬

（五）

菜

cǎi zì zhòng cǎo　　zhǎng chū bái cài
采 字 种 草 ， 长 出 白 菜 ；

芹

jīn zì zhòng cǎo　　zhǎng chū qín cài
斤 字 种 草 ， 长 出 芹 菜 ；

荞

qiáo zì zhòng cǎo　　zhǎng chū qiáo mài
乔 字 种 草 ， 长 出 荞 麦 ；

苔

tái zì zhòng cǎo　　zhǎng chū qīng tái
台 字 种 草 ， 长 出 青 苔 。

（六）

苦

gǔ zì zhòng cǎo　　bú pà xīn kǔ
古 字 种 草 ， 不 怕 辛 苦 ；

葫

hú zì zhòng cǎo　　jiē gè hú lu
胡 字 种 草 ， 结 个 葫 芦 ；

菇

gū zì zhòng cǎo　　zhǎng chū mó gu
姑 字 种 草 ， 长 出 蘑 菇 ；

苏

bàn zì zhòng cǎo　　zhǎng chū zǐ sū
办 字 种 草 ， 长 出 紫 苏 。

甲　金　篆　隶　楷

★ 日字头的字，一般和太阳、时间、光线等有关。

见日歌
jiàn rì gē

（一）

者字见日头，六月是暑天；
zhě zì jiàn rì tou　liù yuè shì shǔ tiān

十字见日头，起床吃早饭；
shí zì jiàn rì tou　qǐ chuáng chī zǎo fàn

干字见日头，下地去抗旱；
gān zì jiàn rì tou　xià dì qù kàng hàn

业字见日头，成绩很明显。
yè zì jiàn rì tou　chéng jì hěn míng xiǎn

暑
早
旱
显

（二）

晨　chén　zì　jiàn　rì　tou　　　zǎo　chen　zǒu　chū　mén
　　辰　字　见　日　头　，　早　晨　走　出　门　；

景　jīng　zì　jiàn　rì　tou　　　chū　mén　kàn　fēng　jǐng
　　京　字　见　日　头　，　出　门　看　风　景　；

星　shēng　zì　jiàn　rì　tou　　　xīng　xing　méi　le　yǐng
　　生　字　见　日　头　，　星　星　没　了　影　；

晃　guāng　zì　jiàn　rì　tou　　　tài　yáng　huǎng　yǎn　jing
　　光　字　见　日　头　，　太　阳　晃　眼　睛　。

金　篆　隶　楷

★ 穴宝盖的字和孔、洞穴、房屋等有关。

jìn xué gē
进穴歌

（一）

yá zì jìn xué　chuān jiàn chèn shān
牙 字 进 穴 ， 穿 件 衬 衫 ；

jīn zì jìn xué　xiān kāi mén lián
巾 字 进 穴 ， 掀 开 门 帘 ；

guī zì jìn xué　qián lái kuī tàn
规 字 进 穴 ， 前 来 窥 探 ；

chuàn zì jìn xué　lì kè táo cuàn
串 字 进 穴 ， 立 刻 逃 窜 。

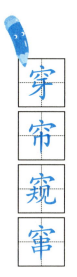

穿
帘
窥
窜

147

（二）

穷	lì zì jìn xué shēng huó qióng kùn 力 字 进 穴 ， 生 活 穷 困 ；
究	jiǔ zì jìn xué yán jiū xué wen 九 字 进 穴 ， 研 究 学 问 ；
窍	qiǎo zì jìn xué xún zhǎo qiào mén 巧 字 进 穴 ， 寻 找 窍 门 ；
空	gōng zì jìn xué yì zhǐ kōng wén 工 字 进 穴 ， 一 纸 空 文 。

（三）

窄	zhà zì jìn xué dòng kǒu zhǎi xiǎo 乍 字 进 穴 ， 洞 口 窄 小 ；
窖	gào zì jìn xué yòng zuò dì jiào 告 字 进 穴 ， 用 作 地 窖 ；
窃	qiè zì jìn xué dào qiè zī liào 切 字 进 穴 ， 盗 窃 资 料 ；
突	quǎn zì jìn xué tū rán lái dào 犬 字 进 穴 ， 突 然 来 到 。

53

甲　金　篆　楷

✦ 雨字头的字和下雨或其他一些天文气象有关。

下雨歌 (xià yǔ gē)

(一)

小雨下在田野上，
xiǎo yǔ xià zài tián yě shàng

轰隆轰隆雷声响；
hōng lōng hōng lōng léi shēng xiǎng

小雨下在大路上，
xiǎo yǔ xià zài dà lù shàng

变成露珠闪闪亮；
biàn chéng lù zhū shǎn shǎn liàng

小雨下在务字上，
xiǎo yǔ xià zài wù zì shàng

变成大雾白茫茫；
biàn chéng dà wù bái máng máng

小雨下在相字上，
xiǎo yǔ xià zài xiāng zì shàng

地上到处铺银霜。
dì shàng dào chù pū yín shuāng

雷

露

雾

霜

（二）

xiǎo yǔ xià zài xiǎo shān bāo
小 雨 下 在 小 山 包 ，

dì shàng dào chù shì bīng báo
地 上 到 处 是 冰 雹 ；

xiǎo yǔ xià zài ér zì shàng
小 雨 下 在 而 字 上 ，

hé miáo shēng zhǎng zhèng xū yào
禾 苗 生 长 正 需 要 ；

xiǎo yǔ xià zài lì zì shàng
小 雨 下 在 历 字 上 ，

pī lì yì shēng zhèn tiān xiǎng
霹 雳 一 声 震 天 响 ；

xiǎo yǔ xià zài lìng zì shàng
小 雨 下 在 令 字 上 ，

líng líng xīng xīng wǎng xià jiàng
零 零 星 星 往 下 降 。

雹
需
雳
零

甲　金　篆　隶　楷

★ 竹字头的字，大多数和竹子或竹子制成的物品有关。
"竹"做偏旁时写作"⺮"。

有竹歌
yǒu　zhú　gē

（一）

yǐn　zì　yǒu　zhú　zi　　zhú　lín　shēng　zhú　sǔn
尹 字 有 竹 子 ，竹 林 生 竹 笋 ；　笋

yóu　zì　yǒu　zhú　zi　　yòng　lái　zuò　dí　zi
由 字 有 竹 子 ，用 来 做 笛 子 ；　笛

kuài　zì　yǒu　zhú　zi　　yòng　lái　zuò　kuài　zi
快 字 有 竹 子 ，用 来 做 筷 子 ；　筷

xiāng　zì　yǒu　zhú　zi　　yòng　lái　zuò　xiāng　zi
相 字 有 竹 子 ，用 来 做 箱 子 。　箱

（二）

笔	máo zì yǒu zhú zi，yòng lái zuò bǐ jià 毛字有竹子，用来做笔架；
笆	bā zì yǒu zhú zi，yòng lái zuò lí ba 巴字有竹子，用来做篱笆；
筏	fá zì yǒu zhú zi，yòng lái zuò zhú fá 伐字有竹子，用来做竹筏；
筹	shòu zì yǒu zhú zi，kě yǐ zuò chóu huà 寿字有竹子，可以做筹划。

（三）

篮	jiān zì yǒu zhú zi，yòng lái biān cài lán 监字有竹子，用来编菜篮；
签	qiān zì yǒu zhú zi，yòng lái zuò yá qiān 佥字有竹子，用来做牙签；
简	jiān zì yǒu zhú zi，yòng lái zuò jiǎn bǎn 间字有竹子，用来做简板；
篇	biǎn zì yǒu zhú zi，zhú shàng kè shī piān 扁字有竹子，竹上刻诗篇。

（四）

zhēng zì yǒu zhú zi，yòng lái zuò fēng zheng
争字有竹子，用来做风筝；

gān zì yǒu zhú zi，yòng lái zuò diào gān
干字有竹子，用来做钓竿；

tóng zì yǒu zhú zi，yòng lái zuò bǐ tǒng
同字有竹子，用来做笔筒；

lóng zì yǒu zhú zi，yòng lái zuò niǎo lóng
龙字有竹子，用来做鸟笼。

筝
竿
筒
笼

扫码获取
· 看视频
· 听儿歌
· 笔顺动画
· 拓展学习

> ★ 羊字头的字，大多数和羊有关。

挂羊头歌
guà yáng tóu gē

美	大字挂羊头，生活多美好； dà zì guà yáng tóu shēng huó duō měi hǎo
羔	四点挂羊头，卖的是羊羔； sì diǎn guà yáng tóu mài de shì yáng gāo
姜	女字挂羊头，卖的是生姜； nǚ zì guà yáng tóu mài de shì shēng jiāng
羡	次字挂羊头，羡慕学问高。 cì zì guà yáng tóu xiàn mù xué wen gāo

154

甲　金　篆　楷

⭐ 秃宝盖的字，大多数和覆盖、遮掩等意思有关。
　　"冖"读作"mì"。

dài píng mào
戴平帽

yǔ zì dài píng mào	xué rén xiě wén zhāng	写
与 字 戴 平 帽，	学 人 写 文 章；	
jǐ zì dài píng mào	wén zhāng zhēn rǒng cháng	冗
几 字 戴 平 帽，	文 章 真 冗 长；	
tù zì dài píng mào	gōng zhèng wú yuān wang	冤
兔 字 戴 平 帽，	公 正 无 冤 枉；	
chē zì dài píng mào	chuān shàng lù jūn zhuāng	军
车 字 戴 平 帽，	穿 上 绿 军 装。	

甲　金　篆　隶　楷

★ 父字头的字，一般和男性长辈有关。

jiàn fù gē
见父歌

爷	dān ěr jiàn fù qīn　dà shēng jiào yé ye 单 耳 见 父 亲，大 声 叫 爷 爷；	
爹	duō zì jiàn fù qīn　dà shēng jiào diē die 多 字 见 父 亲，大 声 叫 爹 爹；	
爸	bā zì jiàn fù qīn　dà shēng jiào bà ba 巴 字 见 父 亲，大 声 叫 爸 爸；	
斧	jīn zì jiàn fù qīn　qù bǎ fǔ tóu ná 斤 字 见 父 亲，去 把 斧 头 拿。	

甲　　金　　篆　　楷

★ 四字头的字，大多数和网或网的作用有关。四字头是"网"的变形。"罒"读作"wǎng"。

四头歌
sì tóu gē

zhuó zì yǒu sì tóu，kǒu zhào dài liǎn shàng
卓 字 有 四 头 ，口 罩 戴 脸 上 ；

zhí zì yǒu sì tóu，bù zhì hǎo huì chǎng
直 字 有 四 头 ，布 置 好 会 场 ；

xī zì yǒu sì tóu，sā xià tiān luó wǎng
夕 字 有 四 头 ，撒 下 天 罗 网 ；

fēi zì yǒu sì tóu，zuì fàn jiù luò wǎng
非 字 有 四 头 ，罪 犯 就 落 网 。

罩
置
罗
罪

四 下（底）部首

xià dǐ bù shǒu

心

甲　金　篆　隶　楷

★ 心字底的字，一般和心理活动、情绪、思想情感等有关。

心字歌

xīn zì gē

（一）

想	心上有相字，常常想心事； xīn shàng yǒu xiāng zì，cháng cháng xiǎng xīn shì
恐	心上有巩字，就会生恐惧； xīn shàng yǒu gǒng zì，jiù huì shēng kǒng jù
怒	心上有奴字，就会有怒气； xīn shàng yǒu nú zì，jiù huì yǒu nù qì
忍	心上有刃字，需要忍忍气。 xīn shàng yǒu rèn zì，xū yào rěn ren qì

158

（二）

yà zì zài xīn shàng，biàn de hěn xiōng è
亚 字 在 心 上 ， 变 得 很 凶 恶 ；

ruò zì zài xīn shàng，bú liào rě zāi huò
若 字 在 心 上 ， 不 料 惹 灾 祸 ；

huò zì zài xīn shàng，gǎn dào hěn kùn huò
或 字 在 心 上 ， 感 到 很 困 惑 ；

zhà zì zài xīn shàng，zěn me huì chū cuò
乍 字 在 心 上 ， 怎 么 会 出 错 ？

恶
惹
惑
怎

（三）

yīn zì zài xīn zhōng，ēn qíng bǐ hǎi shēn
因 字 在 心 中 ， 恩 情 比 海 深 ；

xián zì zài xīn zhōng，gǎn xiè dà ēn rén
咸 字 在 心 中 ， 感 谢 大 恩 人 ；

zhōng zì zài xīn zhōng，duì rén hěn zhōng chéng
中 字 在 心 中 ， 对 人 很 忠 诚 ；

yì zì zài xīn zhōng，liú liàn péng you men
亦 字 在 心 中 ， 留 恋 朋 友 们 。

恩
感
忠
恋

159

（四）

悲　非字在心上，心里很悲痛；
fēi zì zài xīn shàng，xīn lǐ hěn bēi tòng

思　田字在心上，思念亲弟兄；
tián zì zài xīn shàng，sī niàn qīn dì xiong

态　太字在心上，态度很端正；
tài zì zài xīn shàng，tài dù hěn duān zhèng

忌　己字在心上，忌妒会产生。
jǐ zì zài xīn shàng，jì du huì chǎn shēng

（五）

愁　秋字连心，心里愁闷；
qiū zì lián xīn，xīn lǐ chóu mèn

慰　尉字连心，慰问灾民；
wèi zì lián xīn，wèi wèn zāi mín

愚　禺字连心，变得愚蠢；
yú zì lián xīn，biàn de yú chǔn

惩　征字连心，严惩坏人。
zhēng zì lián xīn，yán chéng huài rén

甲　金　篆　隶　楷

⭐ 女字底的字，大多数和女性、婚姻、姓氏等有关。

jiàn nǚ gē
见 女 歌

hé zì jiàn nǚ hái　nǚ hái shì bān wěi
禾 字 见 女 孩 ， 女 孩 是 班 委 ；　　委

cì zì jiàn nǚ hái　zǒu lù zī shì měi
次 字 见 女 孩 ， 走 路 姿 势 美 ；　　姿

ér zì jiàn nǚ hái　jiào tā shuǎ yi shuǎ
而 字 见 女 孩 ， 叫 她 耍 一 耍 ；　　耍

xī zì jiàn nǚ hái　nǚ hái yào huí jiā
西 字 见 女 孩 ， 女 孩 要 回 家 。　　要

61

目 — 甲 金 篆 隶 楷

★ 目字底的字，一般和眼睛或眼部的动作有关。

mù guāng gē

目 光 歌

瞥	bì zì yǒu mù guāng xiàng wài piē yì yǎn 瞥字有目光，向外瞥一眼；
督	shū zì yǒu mù guāng jiān dū chē hé chuán 叔字有目光，监督车和船；
盲	wáng zì yǒu mù guāng máng mù yǒu fēng xiǎn 亡字有目光，盲目有风险；
省	shǎo zì yǒu mù guāng chū mén shěng shí jiān 少字有目光，出门省时间。

甲　金　篆　隶　楷

★ 皿字底的字，大多数和器皿有关。

qì mǐn gē
器皿歌

（一）

zhōng zì yǒu qì mǐn　　zhōng zi fàng zhuō shàng
中 字 有 器 皿，盅 子 放 桌 上；

fēn zì yǒu qì mǐn　　pén zi zhuāng cài tāng
分 字 有 器 皿，盆 子 装 菜 汤；

zhōu zì yǒu qì mǐn　　pán zi zhuāng nǎi táng
舟 字 有 器 皿，盘 子 装 奶 糖；

hé zì yǒu qì mǐn　　hé zi zhēn piào liang
合 字 有 器 皿，盒 子 真 漂 亮。

盅
盆
盘
盒

（二）

盂　于字有器皿，痰盂放过道；
（yú）（yú zì yǒu qì mǐn，tán yú fàng guò dào）

盛　成字有器皿，用来盛饮料；
（chéng）（chéng zì yǒu qì mǐn，yòng lái chéng yǐn liào）

盔　灰字有器皿，钢盔质量好；
（huī）（huī zì yǒu qì mǐn，gāng kuī zhì liàng hǎo）

盗　次字有器皿，时刻防强盗。
（dào）（cì zì yǒu qì mǐn，shí kè fáng qiáng dào）

甲　金　篆　楷

> ★ 四点底的字，大部分和火、光、热等意思有关。
> "火"做下部首时写作"灬"。

（一）

sì diǎn jiàn dà hēng　　dà hēng huì pēng tiáo
四 点 见 大 亨 ， 大 亨 会 烹 调 ；

烹

sì diǎn jiàn jì zhě　　jì zhě zhǔ shuǐ jiǎo
四 点 见 记 者 ， 记 者 煮 水 饺 ；

煮

sì diǎn jiàn xiǎo áo　　xiǎo áo áo zhōng yào
四 点 见 小 敖 ， 小 敖 熬 中 药 ；

熬

sì diǎn dào zào qián　　jī dàn yǐ jiān hǎo
四 点 到 灶 前 ， 鸡 蛋 已 煎 好 。

煎

（二）

<table>
<tr><td>热</td><td>四 点 去 执 勤 ，上 街 看 热 闹 ；
sì diǎn qù zhí qín　shàng jiē kàn rè nao</td></tr>
<tr><td>能</td><td>四 点 能 见 面 ，观 看 大 熊 猫 ；
sì diǎn néng jiàn miàn　guān kàn dà xióng māo</td></tr>
<tr><td>烈</td><td>四 点 入 队 列 ，去 把 烈 火 浇 ；
sì diǎn rù duì liè　qù bǎ liè huǒ jiāo</td></tr>
<tr><td>杰</td><td>四 点 见 树 木 ，豪 杰 立 功 劳 。
sì diǎn jiàn shù mù　háo jié lì gōng láo</td></tr>
</table>

甲　金　篆　隶　楷

★ 贝字底的字，大多都和钱财、货物、贸易等有关。

（一）

fēn zì yǒu bǎo bèi， jiā lǐ bù pín kùn 分 字 有 宝 贝 ， 家 里 不 贫 困 ；	贫
jīn zì yǒu bǎo bèi， cóng lái bù tān xīn 今 字 有 宝 贝 ， 从 来 不 贪 心 ；	贪
cì zì yǒu bǎo bèi， chuàng yè yǒu zī jīn 次 字 有 宝 贝 ， 创 业 有 资 金 ；	资
gōng zì yǒu bǎo bèi， gòng xiàn gěi rén mín 工 字 有 宝 贝 ， 贡 献 给 人 民 。	贡

（二）

	huà zì yǒu bǎo bèi， yòng tā huàn huò chē
货	化 字 有 宝 贝 ， 用 它 换 货 车 ；
	jiā zì yǒu bǎo bèi， dà jiā qù zhù hè
贺	加 字 有 宝 贝 ， 大 家 去 祝 贺 ；
	dài zì yǒu bǎo bèi， dài kuǎn kāi shāng diàn
贷	代 字 有 宝 贝 ， 贷 款 开 商 店 ；
	kǒu zì yǒu bǎo bèi， zhāo pìn yíng yè yuán
员	口 字 有 宝 贝 ， 招 聘 营 业 员 。

甲　金　篆　隶　楷

★ 木字底的字，大多数和植物、木材、木制品等有关。

植树歌
zhí shù gē

lì zì zhí shù　　lí huā kāi biàn
利字植树，梨花开遍；

máo zì zhí shù　　shí fēn róu ruǎn
矛字植树，十分柔软；

jiā zì zhí shù　　jià zi bù xiǎo
加字植树，架子不小；

cǐ zì zhí shù　　mù chái duī mǎn
此字植树，木柴堆满。

梨
柔
架
柴

169

甲　金　篆　隶　楷

★ 衣字底的字，一般和衣服、被子、穿着等有关。

加衣歌
jiā yī gē

装 zhuàng zì jiā yī fu shí zhuāng chuān chū lái
壮 字 加 衣 服 ， 时 装 穿 出 来 ；

裟 shā zì jiā yī fu jiā shā chuān chū lái
沙 字 加 衣 服 ， 袈 裟 穿 出 来 ；

袋 dài zì jiā yī shang yī shàng yǒu kǒu dai
代 字 加 衣 裳 ， 衣 上 有 口 袋 ；

裂 liè zì jiā yī shang yī fèng zhàn liè kāi
列 字 加 衣 裳 ， 衣 缝 绽 裂 开 。

甲　金　篆　隶　楷

★ 月字底的字，大多数和肉体或人的身体器官有关。

jiàn yuè gē
见 月 歌

běi zì jiàn yuè liang	xiū de bèi guò shēn	
北 字 见 月 亮，	羞 得 背 过 身；	背

bì zì jiàn yuè liang	zhāng kāi shuāng bì yíng	
辟 字 见 月 亮，	张 开 双 臂 迎；	臂

tián zì jiàn yuè liang	cháng wèi hěn zhèng cháng	
田 字 见 月 亮，	肠 胃 很 正 常；	胃

zhǐ zì jiàn yuè liang	kěn dìng méi yǒu yǔ	
止 字 见 月 亮，	肯 定 没 有 雨。	肯

甲　金　篆　隶　楷

★ 绞丝底的字，一般和蚕丝、线、纺织等有关，有的也和颜色有关。

扎长辫歌
zā cháng biàn gē

累	tián zì zā cháng biàn　lèi de hàn shuǐ tǎng 田 字 扎 长 辫 ，累 得 汗 水 淌 ；
紫	cǐ zì zā cháng biàn　zǐ huā chā tóu shàng 此 字 扎 长 辫 ，紫 花 插 头 上 ；
絮	rú zì zā cháng biàn　liǔ xù suí fēng yáng 如 字 扎 长 辫 ，柳 絮 随 风 扬 ；
繁	mǐn zì zā cháng biàn　fán huā tǔ fēn fāng 敏 字 扎 长 辫 ，繁 花 吐 芬 芳 。

甲　篆　楷

> ★ 部首为走之的字和行走、道路、路程等有关。"辶"
> 由"辵"变形而来。

zǒu zhī hǎo xiàng huá bǎn chē
走 之 好 像 滑 板 车 ，

zì bǎo bao men pǎo lái zuò
字 宝 宝 们 跑 来 坐 。

nǐ lái zuò　　wǒ lái zuò
你 来 坐 ， 我 来 坐 ，

zuò zài chē shàng zhēn kuài lè
坐 在 车 上 真 快 乐 。

bàn wéi bù shǒu

坐车歌
zuò chē gē

（一）

| 过 | 寸字来坐车， | 回家过大年； |
| cùn zì lái zuò chē | huí jiā guò dà nián |

过 寸字来坐车，回家过大年；

远 元字来坐车，不怕路途远；

边 力字来坐车，走到公路边；

还 不字来坐车，很快把家还。

（二）

迁 千字来坐车，搬迁到外地；

返 反字来坐车，往返几百里；

达 大字来坐车，到达目的地；

这 文字来坐车，很快到这里。

（三）

guān zì zuò chē　gěi rén sòng xìn
关 字 坐 车 ， 给 人 送 信 ；

jǐng zì zuò chē　bú duàn qián jìn
井 字 坐 车 ， 不 断 前 进 ；

jīn zì zuò chē　lù chéng hěn jìn
斤 字 坐 车 ， 路 程 很 近 ；

kuáng zì zuò chē　lái guàng xīn chéng
狂 字 坐 车 ， 来 逛 新 城 。

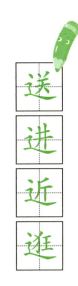

（四）

shǒu zì zuò chē　chá kàn dào lù
首 字 坐 车 ， 查 看 道 路 ；

wàn zì zuò chē　mài kāi dà bù
万 字 坐 车 ， 迈 开 大 步 ；

yú zì zuò chē　tà shàng zhēng tú
余 字 坐 车 ， 踏 上 征 途 ；

shù zì zuò chē　jiā kuài sù dù
束 字 坐 车 ， 加 快 速 度 。

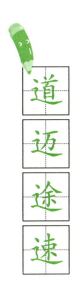

（五）

递
选
违
适

dì zì zuò chē chuán dì xìn xī
弟字坐车，传递信息；

xiān zì zuò chē cān jiā xuǎn jǔ
先字坐车，参加选举；

wéi zì zuò chē cóng bù wéi jì
韦字坐车，从不违纪；

shé zì zuò chē gǎn jué shū shì
舌字坐车，感觉舒适。

（六）

迫
逻
辽
连

bái zì zuò chē shì qíng jǐn pò
白字坐车，事情紧迫；

luó zì zuò chē sì chù xún luó
罗字坐车，四处巡逻；

liǎo zì zuò chē tǔ dì liáo kuò
了字坐车，土地辽阔；

chē zì zuò chē lián máng ràng zuò
车字坐车，连忙让座。

（七）

chǐ zì zuò chē　cóng bù chí dào
尺 字 坐 车 ，从 不 迟 到；

gào zì zuò chē　zhì zào diàn nǎo
告 字 坐 车 ，制 造 电 脑；

yún zì zuò chē　yùn lái féi liào
云 字 坐 车 ，运 来 肥 料；

zhào zì zuò chē　tōu tōu táo pǎo
兆 字 坐 车 ，偷 偷 逃 跑。

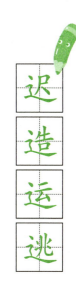

迟 造 运 逃

（八）

yǒng zì zuò chē　dào lù tōng chàng
甬 字 坐 车 ，道 路 通 畅；

bì zì zuò chē　duǒ bì fēng làng
辟 字 坐 车 ，躲 避 风 浪；

mǐ zì zuò chē　mí shī fāng xiàng
米 字 坐 车 ，迷 失 方 向；

cáo zì zuò chē　zāo dào zǔ dǎng
曹 字 坐 车 ，遭 到 阻 挡。

通 避 迷 遭

70

甲　金　篆　楷

★ 广字旁的字，大多数和房屋、场所等有关。

guǎng zì gē

广字歌

（一）

床	mù zì jìn guǎng chǎng　zuò le yì zhāng chuáng 木字进广场，做了一张床；
废	fā zì jìn guǎng chǎng　fèi liào duī yì páng 发字进广场，废料堆一旁；
库	chē zì jìn guǎng chǎng　kāi chē jìn kù fáng 车字进广场，开车进库房；
店	zhàn zì jìn guǎng chǎng　shāng diàn shēng yi máng 占字进广场，商店生意忙。

（二）

lóng zì jìn guǎng chǎng   duì wu zhēn páng dà
龙 字 进 广 场 ， 队 伍 真 庞 大 ；

lín zì jìn guǎng chǎng   rén qún mì mì má
林 字 进 广 场 ， 人 群 密 密 麻 ；

dà zì jìn guǎng chǎng   qìng hè bān xīn jiā
大 字 进 广 场 ， 庆 贺 搬 新 家 ；

tǔ zì jìn guǎng chǎng   zhuāng yuán kuān yòu dà
土 字 进 广 场 ， 庄 园 宽 又 大 。

| 庞 |
| 麻 |
| 庆 |
| 庄 |

甲　金　篆　隶　楷

★ 尸字头的字，大多数和人体、宫室等有关。

shī zì gē
尸字歌

（一）

屈　shī zì kào zhe chū　shǐ zhōng bù qū fú
　尸字靠着出，始终不屈服；

屋　shī zì kào zhe zhì　gòu mǎi xīn fáng wū
　尸字靠着至，购买新房屋；

居　shī zì kào zhe gǔ　quán jiā lái jū zhù
　尸字靠着古，全家来居住；

尼　shī zì kào zhe bǐ　ān lǐ zhù ní gū
　尸字靠着匕，庵里住尼姑。

（二）

shī zì kào zhe máo wěi ba yáo yi yáo
尸 字 靠 着 毛 ， 尾 巴 摇 一 摇 ；

shī zì kào zhe bǐ pì gu qiào de gāo
尸 字 靠 着 比 ， 屁 股 翘 得 高 ；

shī zì kào zhe shuǐ sā le yì pāo niào
尸 字 靠 着 水 ， 撒 了 一 泡 尿 ；

shī zì kào zhe mǐ shǐ shì hǎo féi liào
尸 字 靠 着 米 ， 屎 是 好 肥 料 。

尾
屁
尿
屎

甲　篆　隶　楷

★ 户字头的字，大多数和房屋、门户等有关。

rù hù gē
入 户 歌

	fāng zì rù hù lái xīn fáng fàng guāng cǎi
房	方 字 入 户 来 ， 新 房 放 光 彩 ；
	yuè zì rù hù lái jiān bǎng jǐn jǐn āi
肩	月 字 入 户 来 ， 肩 膀 紧 紧 挨 ；
	yǔ zì rù hù lái diàn shàn zhuàn de kuài
扇	羽 字 入 户 来 ， 电 扇 转 得 快 ；
	fēi zì rù hù lái mén fēi jiù dǎ kāi
扉	非 字 入 户 来 ， 门 扉 就 打 开 。

73

甲　篆　楷

★ 病字旁的字和疾病、痛苦等意思有关。

bìng zì páng　　shì jí bìng
病 字 旁 ， 是 疾 病 ，

zì bǎo bao　　shēng le bìng
字 宝 宝 ， 生 了 病 。

shēng le bìng　　kàn yī shēng
生 了 病 ， 看 医 生 ，

yòu chī yào　　yòu dǎ zhēn
又 吃 药 ， 又 打 针 。

183

生病歌
shēng bìng gē

（一）

痒	羊字生了病，全身皮肤痒； yáng zì shēng le bìng, quán shēn pí fū yǎng
疗	了字生了病，马上去疗养； liǎo zì shēng le bìng, mǎ shàng qù liáo yǎng
疯	风字生了病，变得很疯狂； fēng zì shēng le bìng, biàn de hěn fēng kuáng
痴	知字生了病，一副痴呆相。 zhī zì shēng le bìng, yí fù chī dāi xiàng

（二）

疾	矢字生病，疾病难忍； shǐ zì shēng bìng, jí bìng nán rěn
症	正字生病，症状不轻； zhèng zì shēng bìng, zhèng zhuàng bù qīng
疼	冬字生病，全身都疼； dōng zì shēng bìng, quán shēn dōu téng
痕	艮字生病，留下伤痕。 gèn zì shēng bìng, liú xià shāng hén

（三）

yán zì shēng bìng　　hóu lóng yǒu tán
炎 字 生 病 ， 喉 咙 有 痰 ；

pí zì shēng bìng　　gǎn dào pí juàn
皮 字 生 病 ， 感 到 疲 倦 ；

xiān zì shēng bìng　　jiǎo shàng zhǎng xuǎn
鲜 字 生 病 ， 脚 上 长 癣 ；

nán zì shēng bìng　　quán shēn tān huàn
难 字 生 病 ， 全 身 瘫 痪 。

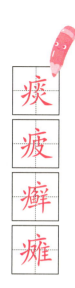

痰
疲
癣
瘫

（四）

cāng zì shēng le bìng　　shēn shàng zhǎng le chuāng
仓 字 生 了 病 ， 身 上 长 了 疮 ；

dīng zì shēng le bìng　　shēn shàng zhǎng dīng chuāng
丁 字 生 了 病 ， 身 上 长 疔 疮 ；

jiè zì shēng le bìng　　shēn shàng zhǎng jiè chuāng
介 字 生 了 病 ， 身 上 长 疥 疮 ；

zuò zì shēng le bìng　　liǎn shàng zhǎng cuó chuāng
坐 字 生 了 病 ， 脸 上 长 痤 疮 。

疮
疔
疥
痤

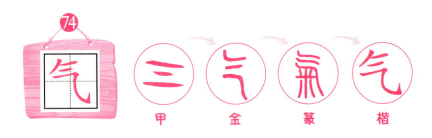

甲　金　篆　楷

★ 气字头的字，一般和气体或气体元素有关。

shēng qì gē 生气歌

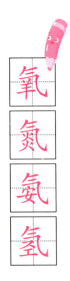

氧 yáng zì shēng qì 羊 字 生 气 ， shēng chū yǎng qì 生 出 氧 气 ；

氮 yán zì shēng qì 炎 字 生 气 ， shēng chū dàn qì 生 出 氮 气 ；

氨 ān zì shēng qì 安 字 生 气 ， shēng chū ān qì 生 出 氨 气 ；

氢 jīng zì shēng qì 圣 字 生 气 ， shēng chū qīng qì 生 出 氢 气 。

甲　金　篆　楷

★ 厂字头，大多数和山石、山崖以及房屋等有关。

jìn chǎng gē
进 厂 歌

（一）

lì zì jìn gōng chǎng　　shàng bān yìn rì lì
力 字 进 工 厂，上 班 印 日 历；　历

wàn zì jìn gōng chǎng　　tài dù hěn yán lì
万 字 进 工 厂，态 度 很 严 厉；　厉

lǐ zì jìn gōng chǎng　　zhǎng le yì lí mǐ
里 字 进 工 厂，长 了 一 厘 米；　厘

xiāng zì jìn gōng chǎng　　zhù zài xiāng fáng lǐ
相 字 进 工 厂，住 在 厢 房 里。　厢

187

（二）

厦	夏 字 进 工 厂 ， 大 厦 耸 云 天 ；
厅	丁 字 进 工 厂 ， 餐 厅 忙 卖 饭 ；
厕	则 字 进 工 厂 ， 要 把 厕 所 建 ；
厌	犬 字 进 工 厂 ， 大 家 都 讨 厌 。

厦 xià zì jìn gōng chǎng dà shà sǒng yún tiān

厅 dīng zì jìn gōng chǎng cān tīng máng mài fàn

厕 zé zì jìn gōng chǎng yào bǎ cè suǒ jiàn

厌 quǎn zì jìn gōng chǎng dà jiā dōu tǎo yàn

甲　　金　　篆　　隶　　楷

★ 门字框的字，大多数和门户有关。

进门歌
jìn mén gē

（一）

rì zì jìn mén　zhào liàng fáng jiān
日字进门，照亮房间；

rén zì jìn mén　mù guāng shǎn shǎn
人字进门，目光闪闪；

duì zì jìn mén　yuè dú bào kān
兑字进门，阅读报刊；

wáng zì jìn mén　jiù shì rùn nián
王字进门，就是闰年。

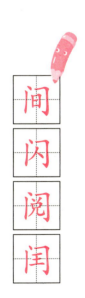

间
闪
阅
闰

189

（二）

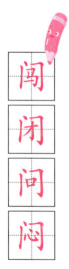

圭 闹 闲 阐

guī zì jìn mén kàn wàng guī nü
圭 字 进 门 ， 看 望 闺 女 ；

shì zì jìn mén ài nào pí qi
市 字 进 门 ， 爱 闹 脾 气 ；

mù zì jìn mén ài guǎn xián shì
木 字 进 门 ， 爱 管 闲 事 ；

dān zì jìn mén chǎn míng dào lǐ
单 字 进 门 ， 阐 明 道 理 。

（三）

闯 闭 问 闷

mǎ zì jìn mén chuǎng jìn kè tīng
马 字 进 门 ， 闯 进 客 厅 ；

cái zì jìn mén bì shàng yǎn jing
才 字 进 门 ， 闭 上 眼 睛 ；

kǒu zì jìn mén tí chū yí wèn
口 字 进 门 ， 提 出 疑 问 ；

xīn zì jìn mén fēi cháng fán mèn
心 字 进 门 ， 非 常 烦 闷 。

（四）

<ruby>耳<rt>ěr</rt></ruby> <ruby>字<rt>zì</rt></ruby> <ruby>进<rt>jìn</rt></ruby> <ruby>门<rt>mén</rt></ruby>， <ruby>收<rt>shōu</rt></ruby> <ruby>看<rt>kàn</rt></ruby> <ruby>新<rt>xīn</rt></ruby> <ruby>闻<rt>wén</rt></ruby>；

<ruby>甲<rt>jiǎ</rt></ruby> <ruby>字<rt>zì</rt></ruby> <ruby>进<rt>jìn</rt></ruby> <ruby>门<rt>mén</rt></ruby>， <ruby>关<rt>guān</rt></ruby> <ruby>住<rt>zhù</rt></ruby> <ruby>闸<rt>zhá</rt></ruby> <ruby>门<rt>mén</rt></ruby>；

<ruby>伐<rt>fá</rt></ruby> <ruby>字<rt>zì</rt></ruby> <ruby>进<rt>jìn</rt></ruby> <ruby>门<rt>mén</rt></ruby>， <ruby>打<rt>dǎ</rt></ruby> <ruby>开<rt>kāi</rt></ruby> <ruby>阀<rt>fá</rt></ruby> <ruby>门<rt>mén</rt></ruby>；

<ruby>一<rt>yī</rt></ruby> <ruby>字<rt>zì</rt></ruby> <ruby>进<rt>jìn</rt></ruby> <ruby>门<rt>mén</rt></ruby>， <ruby>闩<rt>shuān</rt></ruby> <ruby>上<rt>shàng</rt></ruby> <ruby>房<rt>fáng</rt></ruby> <ruby>门<rt>mén</rt></ruby>。

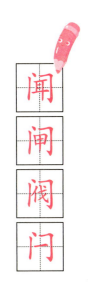

191

甲　金　篆　楷

★ 匚字框的字，有的和筐或能盛放东西的器具有关，也有的和隐藏等意思有关。"匚"读作"fāng"。

jìn kuàng gē
进框歌

（一）

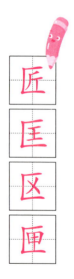

jīn zì jìn kuàng　　xué dāng gōng jiàng
斤 字 进 框 ， 学 当 工 匠 ；

wáng zì jìn kuàng　　kuāng suàn chǎn liàng
王 字 进 框 ， 匡 算 产 量 ；

yì zì jìn kuàng　　xiǎo qū biàn yàng
乂 字 进 框 ， 小 区 变 样 ；

jiǎ zì jìn kuàng　　xiá zi piào liang
甲 字 进 框 ， 匣 子 漂 亮 。

192

（二）

矢字进框，路过医院；
（shǐ zì jìn kuàng，lù guò yī yuàn）

儿字进框，马匹强健；
（ér zì jìn kuàng，mǎ pǐ qiáng jiàn）

扁字进框，挂上横匾；
（biǎn zì jìn kuàng，guà shàng héng biǎn）

非字进框，匪徒完蛋。
（fēi zì jìn kuàng，fěi tú wán dàn）

医 匹 匾 匪

78

甲　金　篆　隶　楷

★ 包字头的字，一般和人体弯曲、包裹等意思有关。
　 "勹" 读作 "bāo"。

bāo zì tóu shì shū bāo
包字头，是书包，

zì bǎo bao men bēi shū bāo
字宝宝们背书包。

nǐ bēi bāo wǒ bēi bāo
你背包，我背包，

bēi zhe shū bāo shàng xué xiào
背着书包上学校。

背包歌
bēi bāo gē

（一）

一点背包，变成小勺；
yì diǎn bēi bāo　biàn chéng xiǎo sháo

口字背包，画上句号；
kǒu zì bēi bāo　huà shàng jù hào

两撇背包，请勿打扰；
liǎng piě bēi bāo　qǐng wù dǎ rǎo

厶*字背包，一笔勾销。
sī zì bēi bāo　yì bǐ gōu xiāo

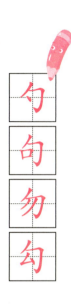

勺
句
勿
勾

（二）

两点背包，十分均匀；
liǎng diǎn bēi bāo　shí fēn jūn yún

日字背包，背到中旬；
rì zì bēi bāo　bēi dào zhōng xún

凶字背包，就是匈奴；
xiōng zì bēi bāo　jiù shì xiōng nú

甫字背包，匍匐前进。
fǔ zì bēi bāo　pú fú qián jìn

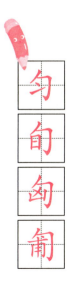

匀
旬
匈
匍

*"厶"同"私"。

甲　金　篆　隶　楷

★ 走字旁的字，一般和跑、行走以及这些动作或姿态等有关。

走路歌
zǒu　lù　gē

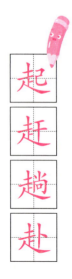

起	己字走路，早早起床； jǐ zì zǒu lù，zǎo zǎo qǐ chuáng
赶	干字走路，大步赶上； gān zì zǒu lù，dà bù gǎn shàng
趟	尚字走路，走了几趟； shàng zì zǒu lù，zǒu le jǐ tàng
赴	卜字走路，奔赴前方。 bǔ zì zǒu lù，bēn fù qián fāng

196

六 全（围）部首
quán wéi bù shǒu

80

口　〇　口　口　口
　　金　篆　隶　楷

★ 国字框的字，一般表示包围、界限、约束以及环绕等意思。"口"读作"wéi"，也叫围字框。

进口歌
jìn kǒu gē

（一）

ér zì jìn wéi sì rén zhòng tián
儿字进围，四人种田；

cái zì jìn wéi shēn qǐng rù tuán
才字进围，申请入团；

yuán zì jìn wéi qù guàng gōng yuán
元字进围，去逛公园；

mù zì jìn wéi yǒu diǎn kùn nan
木字进围，有点困难。

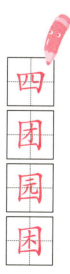

四
团
园
困

（二）

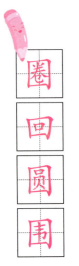

juàn zì jìn wéi　　rào gè dà quān
卷 字 进 围 ， 绕 个 大 圈 ；

kǒu zì jìn wéi　　huí dào jiā yuán
口 字 进 围 ， 回 到 家 园 ；

yuán zì jìn wéi　　quán jiā tuán yuán
员 字 进 围 ， 全 家 团 圆 ；

wéi zì jìn wéi　　wéi gè yuán quān
韦 字 进 围 ， 围 个 圆 圈 。

（三）

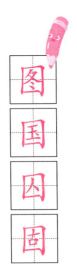

dōng zì jìn wéi　　dài zhe dì tú
冬 字 进 围 ， 带 着 地 图 ；

yù zì jìn wéi　　tà shàng guó tǔ
玉 字 进 围 ， 踏 上 国 土 ；

huài rén jìn wéi　　chéng wéi qiú tú
坏 人 进 围 ， 成 为 囚 徒 ；

gǔ zì jìn wéi　　zhēn shì wán gù
古 字 进 围 ， 真 是 顽 固 。

小朋友, 这些部首家族里还有哪些成员?请你在例字后面的空白处试着写一写吧!

部首总表

部首	名称	例字	部首	名称	例字
左(旁)部首			忄	竖心旁	忆、惜
扌	提手旁	拍、抬	纟	绞丝旁	纱、纺
冫	两点水	冰、冷	犭	反犬旁	独、猎
月	肉月旁	腊、胎	饣	食字旁	饭、饿
日	日字旁	晴、明	女	女字旁	姐、妹
口	口字旁	吹、吃	马	马字旁	驴、驰
石	石字旁	砖、矿	亻	单人旁	你、休
衤	衣字旁	袄、袍	阝	左耳旁	阳、阴
礻	示字旁	视、神	讠	言字旁	课、识
目	目字旁	眼、睛	火	火字旁	灯、炉
土	提土旁	地、址	牛	牛字旁	牧、物
车	车字旁	较、轿	矢	矢字旁	知、短
米	米字旁	粮、料	山	山字旁	峭、屹
钅	金字旁	铁、钉	歹	歹字旁	殃、殡
贝	贝字旁	财、贴	方	方字旁	族、旗
王	王字旁	现、玩	片	片字旁	版、牌
木	木字旁	树、植	齿	齿字旁	龄、龈
虫	虫字旁	蛾、蝉	彳	双人旁	往、待
足	足字旁	跑、跳	舟	舟字旁	舰、艇
鱼	鱼字旁	鲤、鲸	耳	耳字旁	聪、联
氵	三点水	江、河			

（续表）

部首	名称	例字	部首	名称	例字
右（旁）部首			目	目字底	督、盲
攵	反文旁	故、改	皿	皿字底	盆、盘
页	页字边	顶、领	灬	四点底	热、烈
欠	欠字旁	歌、欢	贝	贝字底	贫、贪
阝	右耳旁	郊、邻	木	木字底	梨、架
刂	立刀	刚、到	衣	衣字底	装、袋
鸟	鸟字边	鹊、鸡	月	月字底	背、臂
力	力字旁	动、助	糸	绞丝底	累、紫
羽	羽字旁	翔、翻	**半（围）部首**		
上（头）部首			辶	走之	过、远
宀	宝盖	字、安	广	广字旁	床、库
艹	草字头	草、苗	尸	尸字头	屋、居
日	日字头	晨、星	户	户字头	房、扇
穴	穴宝盖	穷、空	疒	病字旁	疾、病
雨	雨字头	雷、雾	气	气字头	氧、氮
竹	竹字头	笔、箱	厂	厂字头	历、厉
羊	羊字头	美、姜	门	门字框	闹、闲
冖	秃宝盖	写、军	匚	匠字框	匠、区
父	父字头	爷、爸	勹	包字头	句、勾
罒	四字头	罗、罪	走	走字旁	起、赶
下（底）部首			**全（围）部首**		
心	心字底	想、怎	囗	国字框	团、困
女	女字底	姿、要			